Egbert Zipfel
Le Pays de Sault

Ein Land voller Kulturen

Egbert Zipfel

Le Pays de Sault

Ein Land voller Kulturen

Re Di Roma-Verlag

Bibliografische Information durch
Die Deutsche Bibliothek:
Die Deutsche Bibliothek verzeichnet diese Publikation in der Deutschen Nationalbibliografie; detaillierte bibliografische Daten sind im Internet über http://dnb.ddb.de abrufbar.

ISBN 978-3-940450-00-5

www.rediroma-verlag.de
12,20 Euro (D)

Inhaltsverzeichnis

Vorwort

Als meine Frau und ich uns Ende 2003 entschlossen hatten, nach Sault umzuziehen, erhielten wir vielfach von Freunden und Bekannten nur einen fragenden Blick und ein nachdenkliches Schweigen zur Antwort.

„Sault? Um Himmels Willen! Wo liegt das denn?" „ Kennt doch kein Mensch!", klang es uns entgegen. Die freundlichste Antwort, die wir erhielten, war noch: „Was kann man da eigentlich machen?"

Als wir dann erzählten, dass dieser Ort inmitten der Provence liegt, er im Sommer von einer herrlichen Lavendellandschaft umgeben ist, dass es gerade einmal eine Autostunde bis nach Avignon sei und nach Aix-en-Provence, nach Marseille und bis zum Mittelmeer ungefähr 1½ Autostunden, da blickten uns dann strahlende Augen an. Und die einzige Frage, die noch gestellt wurde, war: „Wann können wir kommen?"

So wie unseren Freunden und Bekannten ergeht es wohl vielen, wenn sie zum ersten Mal von diesem scheinbar so unbedeutenden Ort hören.

Dass der Ort und das nach ihm benannte Land, das „Pays de Sault", gar nicht so unbedeutsam sind, darüber soll Ihnen dieses Buch einen ersten Eindruck verschaffen.

Ich werde Sie also auf ein kleine Reise mitnehmen. Eine Reise, auf der Sie Land und Leute kennen lernen werden, deren Lebensumstände und deren Mentalität. Natürlich erhalten Sie auch Hinweise, was es an Sehenswertem gibt, Hintergründe zur Geschichte, viele Informationen über den für die Region so wichtigen Lavendelanbau und anderes mehr.

Allgemeines zur Geographie und zur Geschichte

„Le temps d'aimer"(Zeit zum Lieben), so lautet die Inschrift auf dieser

Sonnenuhr, die sich an einer Hauswand in Sault befindet. Egal, wo der Zeiger auch hinweist, es ist immer Zeit zum Lieben.

Zeit zum Lieben auch für diese Region, die nach wie vor ihre Traditionen pflegt und sich dabei in gemächlichen Schritten auf dem Wandel hin zur Moderne bewegt

Die Hochebene von Sault (Plateau de Sault) liegt auf Höhenlagen zwischen 660 m und 1500 m. Sie gehört seit 1992 zum „Welterbe der Menschheit" und steht somit unter dem besonderen Schutz der U.N.E.S.C.O. Die klare und gesunde Luft sowie eine gute touristische Infrastruktur haben dem Plateau zum Erwerb des Gütezeichens „station verte" (grüner Ferienort) verholfen.

Das Plateau wird von den Gebirgszügen des Mont Ventoux im Nordwesten, der Montagne de Lure im Nordosten und den Monts de Vaucluse im Süden umgeben. Neben Sault gehören die Orte Aurel, Monieux, St. Christol d'Albion und St. Trinit zum Plateau de Sault.

Die Region ist dünn besiedelt (ca. 2600 Einwohner), und viele der einsamen und zum Teil weit abgelegenen Häuser verfügen erst seit wenigen Jahren (aber immerhin!) über einen Anschluss an das örtliche Wassernetz. Diese für die Region so wichtige Wasserversorgung wurde erst mit erheblichen Subventionen der Europäischen Union ermöglicht und von den Einwohnern gerne angenommen. Etwas anders verhält es sich mit der Stromversorgung: sie ist zwar jedermann zugänglich, aber es gibt noch immer den ein oder anderen, für den sie weniger wichtig ist.

Im 18. und 19. Jahrhundert noch Zentrum einer bedeutenden Glasherstellung, löste die einsetzende Industrialisierung ab Mitte des 19. Jahrhunderts eine bis dahin unbekannte Landflucht aus.

Erst in jüngerer Zeit zeichnet sich jedoch eine Umkehr dieser noch im 20. Jahrhundert anhaltenden Entwicklung ab.

Der Ausbau der Straßenverbindung zur nächst größeren Stadt, Carpentras (ca. 40 km), hat den Zugang zu den größeren Städten und deren Infrastruktur (Flughafen, Bahnhöfe, Autobahn) deutlich verkürzt.

Die Inbetriebnahme der Hochgeschwindigkeitsbahn zwischen Paris und Avignon (Reisezeit: 2 1/2 Stunden) hat ebenso dazu beigetragen, dass hier - wie auch anderen Orts im Departement Vaucluse - die Nachfrage nach Wohnraum deutlich zugenommen hat. Und die Vorhersagen für die kommenden Jahrzehnte sehen erfreulicherweise einen weiteren Zuwachs voraus.

Ausfluss dieser Nachfrage ist ein enormer Anstieg der Immobilienpreise. Man hört mitunter, dass sich die Preise in nur fünf Jahren verdoppelt haben. Bauland steht nur in sehr begrenztem Umfang zur Verfügung, da weite Teile des Landes unter Landschaftsschutz stehen.

Ein solcher Preisanstieg ruft natürlich Freude bei denjenigen hervor, die von ihm profitieren können. Häufig ist die Reaktion jedoch von Unverständnis und Ablehnung gekennzeichnet.

Denn für viele Einheimische sind diese Summen nicht aufbringbar.

Die wichtigste Einnahmequelle für die Bevölkerung stellt nach wie vor die Landwirtschaft dar. An erster Stelle steht der Anbau der Lavendelpflanze, aus deren Blüten die bekannten Essenzen gewonnen werden. Deren Vermarktung und Verkauf an internationale Konsumgüterhersteller wie Procter & Gamble oder Unilever erfolgt durch die „Cooperative Parfums Provence Ventoux", die ihren Sitz in Sault hat.

Allerdings ist dieses einstmals so erträgliche Geschäft - nicht umsonst wird Lavendel im Volksmund als „blaues Gold" bezeichnet - krisenanfällig. Die Pflanzen neigen zu Krankheiten, und die Konkurrenz aus China und einigen osteuropäischen Ländern lassen so manchen Bauern heute nicht mehr ruhig schlafen.

In den letzten Jahren hat der Tourismus für die Region zunehmend an Bedeutung gewonnen, mit einer klaren Präferenz für den Individualtourismus. Große Hotels wird man vergeblich suchen. Stattdessen gibt es eine Vielzahl von Ferienhäusern (gîtes) und Gästezimmern (chambres d'hôtes), die in der Regel liebevoll und mal mehr, mal weniger luxuriös ausgestattet sind, und sich überwiegend an den Bedürfnissen und dem Geschmack der mehrheitlich französischen Touristen ausrichten.

Schafzucht, Getreideanbau sowie die Imkerei stellen weitere wichtige Wirtschaftsfaktoren dar.

In den Wirren des 2. Weltkrieges diente die Region vor ihrer Besetzung vielen Menschen als Zufluchtsort. Sie wurde zu einem Zentrum der Widerstandsbewegung „Maquis-Ventoux“, deren Mitglieder aus vielen der noch heute hier lebenden Familien stammten, und die einen großen Anteil an der Befreiung von der Deutschen Besatzung durch die Alliierten hatte.

Im August 1944 kam es zu schweren Kämpfen zwischen deutschen und französischen Truppen, unter denen insbesondere das Dorf Sault litt, dessen ehemaliges Dorfbild auch heute noch nicht vollends wiederhergestellt ist.

In dem zu Monieux gehörenden Weiler „Les Abeilles“ wurde im Juli 1944 nicht nur die kleine Kirche „Notre Dame de Consolation“ von den Nazis vollkommen vandalisiert, sondern - schlimmer noch - mehrere Menschen sinnlos exekutiert. Es hat weitere Kriegsverbrechen in der Region gegeben, aber hierüber schweigen die Überlebenden.

In Erinnerung an alle Toten dieser Zeit der Barbarei wurde im Jahre 1954 auf Initiative des Lieutenant Cololonel Philippe Beyne, der im Krieg die Widerstandgruppe Maquis - Ventoux anführte, ein Denkmal am Ortseingang von Sault erricht

Seit dem Jahr seiner Fertigstellung, 1956, werden hier, wie an anderen Denkmälern, mehrfach im Jahr unter nach wie vor großer Beteiligung der Bevölkerung Gedenkfeiern abgehalten. Die Vergangenheit des Weltkrieges ist hier aufgrund persönlicher Betroffenheit noch in vielen Familien gegenwärtig. Allerdings wissen die Menschen sehr wohl zwischen den Besatzern von damals und den Einwanderern und Touristen von heute zu unterscheiden, denen sie mit großer Offenheit und Interesse begegnen.

Im Verlauf der Jahrezeiten

Als wir uns vor einigen Jahren hier niedergelassen haben, fragte man uns als Neuankömmlinge sogleich nach den Beweggründen für unser Kommen. Wir hatten viele und dementsprechend zahlreiche Antworten auf diese Frage. Darunter auch eine, die regelmäßig zu zum Teil sehr direkten Reaktionen unserer Gesprächspartner führte. „Wir sind der Sonne wegen gekommen. Man hat uns gesagt, sie würde hier durchschnittlich an 300 Tagen im Jahr scheinen.“ „Na, dann werdet ihr ja wohl schon bald wieder den Schatten suchen“, war dann die prompte und unerwartete Antwort.

Wir waren im Winter hier angekommen. Es regnete drei Tage lang unaufhörlich und zwar in Mengen, die wir vorher noch nirgendwo anders gesehen hatten. In und um Avignon herum gab es Überschwemmungen, die bei vielen die Sorge aufkommen ließ, eine ähnliche Katastrophe wie im Jahr 1992 stünde bevor, als in Vaison la Romaine (eine Autostunde nördlich von Sault) infolge sintflutartiger Regenfälle mehr als 50 Menschen ihr Leben verloren, und über 300 Häuser schwere Schäden erlitten.

Und bald danach gab es eine andere Überraschung. Nach Anfangs recht milden Temperaturen im Dezember, fiel das Thermometer nach Weihnachten urplötzlich des nachts auf minus 15°C. Tagsüber blieb es für es unser Empfinden jedoch noch recht angenehm: Bei Temperaturen um die 5°C in der wärmenden Sonne lies es sich prima aushalten.

Die nächste Überraschung: Es schneite. Zwar nicht in großen Mengen, aber doch genug, um den Straßenverkehr lahm zu legen. Von unseren Nachbarn erfuhren wir, dass Schnee hier eigentlich nichts Äußergewöhnliches sei. Wir befänden uns ja in den Bergen, und da sei es halt normal, dass im Winter auch einmal Schnee falle.

So erzählte man uns weiter, dass es hier Winter mit einer Höhe von einem Meter Schnee gab, der dann auch drei Wochen liegen blieb, was wiederum einen einwöchigen Stromausfall zur Folge hatte. Vom Autofahren habe man damals nur träumen können, die Versorgung mit Lebensmitteln sei zum Teil mit Hubschraubern erfolgt.

Und überhaupt: in Gegenden wie hier empfehle es sich, einen Kamin zu haben, der im Fall der Fälle auch zum Zubereiten von Nahrungsmitteln genutzt werden könne. Elektrische Kochplatten hätten durchaus ihren Reiz, aber eine Gaskochplatte gehöre halt dazu.

Und das Wetter hielt eine weitere Überraschung für uns bereit: den Mistral. Zwar hatten wir bereits von diesem Fallwind gehört, aber richtig etwas damit anfangen konnten wir bis dahin nicht. Jetzt wissen wir, warum die Menschen ihn so fürchten. Denn Mistral, das heißt im Winter schlichtweg: Eiseskälte.

Von Norden kommend, pfeift er durch die Straßen und Gassen, er lässt die Baumwipfel schwingen und kämpft sich selbst durch die dickste Kleidung hindurch. 15°C Außentemperatur fühlen sich unter seinem Einfluss wie minus 5°C an. Die Folge: kein Mensch verlässt sein Haus, die Straßen, Geschäfte und Bars sind wie leergefegt.

Der Mistral ist ein Fallwind, der durchschnittlich an 120 Tagen im Jahr weht. Insbesondere im Tal der Rhone (Vallée du Rhone) erreicht er Spitzengeschwindigkeiten von bis zu 130 km/h. Da das Plateau von Sault relativen Schutz vor dem unangenehmen Wind bietet, suchen viele Menschen der Umgebung bei länger anhaltendem Mistral ihre Zweitwohnungen hier auf. Der Mistral kann bis zu 15 Tagen ununterbrochen wehen und verursacht bei vielen Menschen Ohrschmerz, Nervosität und manchmal auch ein recht aggressives Verhalten - insbesondere im Straßenverkehr.

Der Frühling auf der Hochebene mag von den Temperaturen so manchen an einen nordeuropäischen Sommer erinnern. Eine ideale Jahrezeit zum Urlauben. Das Thermometer klettert auf angenehme 25°C, an einigen Tagen auch mehr. Nachts kann es allerdings durchaus noch recht kühl werden.

Es entwickeln sich herrliche Landschaften mit blühenden Mandelbäumen, Klatschmohn und Wiesen, die von gelben und blauen Blüten überzogen sind. In den Vorgärten der Häuser lachen einem Tulpen, Narzissen und die hier weit verbreiteten Iris entgegen.

Die Menschen gehen einer ihrer Lieblingsbeschäftigung nach: dem ‚Bricolage': Häuser renovieren, Gartenarbeiten verrichten und den Swimmingpool instandsetzen. Handwerker gibt es nur wenige. Sie sind teuer, nicht immer zuverlässig und vor allen Dingen: manchmal über Jahre hinweg ausgebucht.

Frühling, das ist auch die Jahreszeit der Gewitter. Insbesondere im Mai kann es zu sehr heftigen kommen, die zum Teil von geradezu tropischen Regenfällen begleitet werden. Eine Niederschlagsmenge von mehr als 100 mm ist durchaus möglich, und Blitz und Donner kommen aus allen Himmelsrichtungen. Der Wiederhall des Donners ist manchmal so stark, dass man das Zittern in den Beinen bekommt.

Manch einer, der vorgab, keine Angst vor Gewittern zu haben, kam bei dem Anblick ebensolcher hier dann doch ins Grübeln.

Blitz und Donner gehen jedoch nicht immer mit Niederschlag einher. Bleiben die Niederschläge im Frühjahr aus, kündigt sich in aller Regel nur kurze Zeit später ein anderes Phänomen an: Trockenheit, ja, Dürre. Die Folge sind dann u.a. erhebliche Einschränkungen des Wasserverbrauchs für private und öffentliche Haushalte.

Und dann war er endlich da: der Sommer. Die Temperaturen gehen an manchen Tagen bis weit über 30°C im Schatten. Es ist heiß, unerträglich heiß.

Und ja, sie hatten Recht: wir waren der Sonne wegen gekommen, jetzt suchten wir den Schatten.

Es ist so heiß, dass man schon um 10 Uhr morgens keine Lust zu körperlichen Anstrengungen verspürt. Viele Handwerker beginnen ihre Arbeit jetzt eine Stunde früher und dehnen ihre Mittagspausen aus. Die Hitze lässt ein normales Arbeiten kaum zu. Wer es sich erlauben kann, bleibt im kühlen Haus und kommt erst gegen 18 Uhr wieder heraus.

Die „Sieste“ (Mittagsschlaf), die hier von vielen noch eingelegt wird, wird im Sommer noch länger gepflegt. Denn nach dem Mittagessen fällt vielen die Verdauung so unendlich schwer, dass sich eine gewisse Müdigkeit fast von selbst einstellt.

Die Nächte hingegen sind eher angenehm frisch. Somit fällt das Schlafen auch bei noch so großer Hitze am Tage nicht schwer.

Abends empfiehlt es sich durchaus, einen leichten Pullover mitzunehmen. Denn die großen Temperaturschwankungen lassen auch bei 25°C Abendtemperatur ein gewisses Kälteempfinden aufkommen, insbesondere wenn dazu noch der Mistral weht.

Der Übergang in den Herbst ist nahezu fließend. Ab Mitte August fühlt sich die Hitze unter der nachlassenden Kraft der Sonne angenehmer an, auch wenn die Temperaturen noch durchaus 30°C erreichen können.

Jetzt kann es auch wieder zu vereinzelten Gewittern mit größeren Regenfällen kommen.

Ab ca. Mitte Oktober beginnt, begleitet von den ersten Nachtfrösten, die Heizperiode. So langsam aber sicher verändert auch die Natur ihr Erscheinungsbild. Die Blätter der Eichenbäume gehen nach und nach in einen Braunton über, ohne dass sie jedoch in einem größeren Ausmaße herabfallen. Allerdings gibt es nach wie vor viele Pflanzen, die blühen oder wiedererblühen, wie z.B. die hier sehr beliebten und verbreiteten Rosen. Aber auch viele wilde Pflanzen lassen ihre Blütenkelche sich noch nach der Sonne ausstrecken.

Im November kann es hin und wieder kräftig regnen und zu ersten Schneefällen kommen. Die Tage sind noch mild, wenn nicht gerade der Mistral weht. Mancher Tourist ist gar noch in Sommerkleidung zu sehen.

Die Bedeutung des Wassers für die Region

In einem deutschsprachigen Reiseführer habe ich einmal von „Wasser im Überfluss" mit Bezug auf die Provence gelesen. In der Tat ist es so, dass in normalen Jahren die Niederschlagsmenge aufs Jahr verteilt mit 800 mm sogar höher ist als in Paris (620 mm), aber irgendwie muss der Autor da etwas missverstanden haben. Denn ausgiebigen Regenfall an mehreren aufeinander folgenden Tagen gibt es extrem selten. Wochen, gar Monate ohne Regen sind in der Tat die Regel.

Die Unregelmäßigkeit der Niederschläge und fast kein Regen in den Sommermonaten haben dazu beigetragen, Wasser zu *dem* entscheidenden Element zu machen. Wasser ist hier im wahrsten Sinne des Wortes ein extrem kostbares Gut. Es bestimmt nicht nur den Alltag der Bauern, die nur Kulturen anpflanzen können, die wenig Wasser benötigen, sondern den Alltag aller hier Lebenden.

Ende März 2007 zeichnete sich bereits das fünfte Jahr in Folge eine Trocken- und Dürreperiode ab. Nicht ausreichende Niederschläge im Winter wie Frühjahr veranlassen die Präfektur des Departement Vaucluse regelmäßig Restriktionen beim Wasserverbrauch zu erlassen, die bis in den Spätherbst dauern können.

Von der Bedeutung des Wassers für die Region zeugt auch die Vielzahl von Brunnen, die man in den Dörfern, aber auch sonst überall antrifft. Brunnen erzählen auch über die Geschichte der Dörfer. Lange waren sie die einzige Quelle für Trinkwasser, vielfach waren sie ein Zeichen für Reichtum. Auch heute hört man noch viele ältere Menschen sagen: „Reich ist, wer einen Brunnen besitzt."

Jede noch so kleine Gemeinde musste einen besitzen. Manche von ihnen scheuten nicht, sich dafür zu verschulden oder die Steuern zu erhöhen. Denn das Anlegen eines Brunnens war und ist teuer. Vielfach muss man über 100 m in die Tiefe bohren, bevor man auf

Wasser stößt. Hat man Glück, so ist man auf eine Ader gestoßen, die regelmäßig Wasser führt. Hat man Pech, so ist man nur auf eine unterirdische Wasserblase gestoßen, deren Vorrat begrenzt ist.

Der Brunnen erhielt aber auch die verschiedensten Berufe am Leben und seine Beschädigung wurde strengstens bestraft. Noch heute benutzen viele Einwohner das Wasser der Brunnen zum Begießen von Gärten, zum Autowaschen oder gar beim Hausbau.

Bis ins 20.Jhdt. hinein ging man an den nächsten Fluss, um seine Wäsche zu waschen, da es verboten war, das kostbare Brunnenwasser mit Seife zu verschmutzen .

Aus diesem Grunde hat man im Laufe der Zeit die sogenannten Lavoirs (Waschstellen) geschaffen. Sie waren in erster Linie Ort des Zusammenlebens und der Begegnung für Frauen.

Im Gegensatz zu den meisten Brunnen ist das Lavoir nicht dekoriert. Es gibt jedoch verschiedene Varianten: mit einem oder mehreren Becken, um das Wasch- und das Spülwasser zu trennen. Manche sind überdacht, andere haben eine Mauer, um sich vor dem Mistral oder der Sonne zu schützen. Der große Balken in der Mitte, den man hin und wieder sieht, diente zum Auswringen der Wäsche.

Früher wie auch heute fingen Menschen das Regenwasser in eigens dafür geschaffene Behältnissen auf. Diese Vorratskammern wurden zum Teil in Felsen gehauen. Heute fängt man das Regnwasser in Plastiktanks auf, oder baut sich gar ein ausgeklügeltes System, das Regenwasser vom Hausdach in unterirdische Tanks abführt. Das aufgefangene Wasser diente im 18. Jahrhundert vor allem der Bewässerung von Äckern und Wiesen sowie als Viehtränke. Im 19. und zu Beginn des 20. Jahrhunderts wurde es in die sich nahe der Felder befindlichen Lavendel-Destillerien geleitet. Manche dieser Vorratskammern sind aus der Entfernung leicht erkenntlich, da sie mit Steinhütten geschützt werden.

Die Dörfer der Hochebene

Sault

Beginnen wollen wir unsere Reise in dem Ort, der der ganzen Umgebung seinen Namen gegeben hat: Sault.

Sein ursprünglicher Name „Saltus“ wurde im Jahre 859 erstmals schriftlich erwähnt. Er stammt aus dem Lateinischen und bezieht sich auf die großen Waldungen, die schon zur Zeit der Römer kennzeichnend für die gesamte Umgebung waren. Funde in der unweit von Sault gelegenen „Grotte der Aubesier“ weisen eine Besiedlung der Gegend bereits in der frühen Steinzeit nach.

Im Jahre 1004 erhielt der AdligeWolf d‘ Agoult die Gemeinde Sault zunächst als Lehen aus den Händen des Kaisers Heinrich II., bevor der Ort im Jahre 1204 offiziell seine Unabhängigkeit erhielt.

In den Jahren 1561 bis 1790 wurde das Pays de Sault zu einer von dem Französischen Königreich unabhängigen Grafschaft erklärt, zu der von nun an auch die Orte St.Trinit, St.Christol, Monieux und Aurel gehörten. Sie wurde vom Adelsgeschlecht der Agoult regiert und verfügte zeitweilig sogar über eigene bewaffnete Truppen.

Von 1790 bis 1793 war die Grafschaft Sault dem Distrikt Forcalquier zugeordnet, bevor sie als Folge der Französischen Revolution mit all den zu ihr gehörenden Orten am 25.Juni 1793 in das neu geschaffene Departement Vaucluse eingegliedert wurde.

Im Laufe der Geschichte wechselte die Regentschaft über das Plateau in den Besitz der Dynastie Créquy- Lesdiguères und später an den Herzog von Villeroy. Der letzte Graf von Sault, Louis Gabriel de Neufville Herzog von Villeroy, wurde ein Opfer der Revolution und Ende April 1794 hingerichtet.

Der Ort zählte im 19. Jahrhundert bis zu 3000 Einwohner. Die dann einsetzende Industrialisierung löste eine Landflucht aus, sodass bereits zu Beginn des 20 Jahrhunderts die Einwohnerzahl deutlich unter 2000 lag.

Heute leben nur noch um die 1200 Menschen ganzjährig in Sault. In der Urlaubssaison kann sich diese Zahl leicht verdrei- oder vierfachen, denn es gibt viele Menschen, die hier einen Zweitwohnsitz unterhalten und diesen in der Ferienzeit beziehen.

Zur Gemeinde Sault gehören eine Vielzahl kleiner Weiler Hameau: Verdolier, Les Grayeaux, Les Seigneurs, St Jean. und La Loge.

Was gibt es in Sault zu besichtigen?

Da ist natürlich einmal das Dorf selbst mit seinen Häusern, unter denen sich noch einige aus der Zeit des 16. und 17. Jahrhunderts befinden.

Es ist im typisch provenzalischen Stil gebaut. Schmale Straßen und enge Gassen bieten im Sommer viel Schatten und schützen die Bewohner vor der intensiven Sonnenstrahlung und Hitze einerseits und vor dem manchmal recht stark wehenden Mistral andererseits.

Bei einem Rundgang durch die Gassen fällt auf, dass nahezu alle Häuser mit Blendläden ausgestattet sind, und diese häufig verschlossen sind. Auch dies dient dem Schutz vor Hitze. Zum Leidwesen manches Briefträgers tragen die Häuser keine Nummern, ja manchmal nicht einmal den Namen des Bewohners.

Schatten, das ist das Zauberwort nicht nur im Sommer. Bars und Restaurants wissen längst, dass zu einem guten Kundenservice auch das Angebot von schattigen Plätzen gehört. Dennoch trifft man an sehr heißen Tagen zumeist nur auf Touristen. Das lokale Leben erwacht erst am späten Nachmittag wieder.

Beim Spaziergang lohnt ein Blick auf die Dächer der Häuser. Da sind zunächst einmal die Dachpfannen, die in ihrer Form so typisch für die Provence sind. Man könnte bei ihrem Anblick an gebogene Trapeze denken. Bei genauerem Hinschauen stellt man bei dem ein oder anderen Haus auch fest, dass die Neigung des Daches eher flach ist. Am unteren Ende des Daches entdeckt man kleine Rundungen, die die Form der Dachziegel aufnehmen. All diese Kriterien machen das aus, was man ein „provenzalisches Dach" nennt.

Von dem ehemaligen Stadtschloss lassen sich heute nur noch einige Wehrtürme finden. Die französische Revolution hat großen Schaden angerichtet und hinterlassen. Da die Einwohner von Sault sich den Revolutionären nicht ergeben wollten, wurde vieles von dem zerstört, was damals als Symbol der Unterdrückung durch den Adel galt und heute von so vielen Menschen gerne bewundert würde.

Die sehr schöne Porte Royale, die Porte des Aires und die Porte de Sainte Anne waren ehedem Eingangstore zu dem eigentlichen Dorfkern und bildeten einen Bestandteil der das Dorf umgebenden Festungsmauer.

Die Romanische Kirche Notre Dame de la Tour

Saint Sauveur, Transfiguration

und nunmehr Notre Dame de la Tour - ihre Namen sind fast so zahlreich wie die vielen Umbauten, die die Kirche seit ihrer Gründung Ende des 12. Jahrhunderts/Beginn des 13. Jahrhunderts durch den Benediktinerorden Saint-André de Villeneuve-lez- Avignon erfahren hat.

Die ersten Umbauten datieren bereits auf das14.Jahrhundert mit einer Erweiterung des Kirchenschiffes sowie der Hinzufügung eines weiteren Portals. Im 16. Jahrhundert wurde die ehemalige Kapelle Pénitents Blanc an das Kirchengebäude angeschlossen.

Der heutige Glockenturm entstand um 1624, wobei die damaligen Architekten versucht haben, den romanischen Charakter der Kirche zu respektieren. Eine weitere, wichtige Ergänzung erfuhr die Kirche im 19. Jahrhundert mit der Schaffung des nördlichen Seitenschiffes, das aus einer Zusammenlegung des romanischen Kirchenschiffes mit zwei Seitenkapellen aus den Jahren 1450 bzw. 1610 entstand.

Das Gemeindemuseum

Das Gemeindemuseum ist ein kleines Schmuckkästchen. Nicht, dass es durch eine besonders glanzvolle Architektur auffallen würde. Es sind vielmehr die hier ausgestellten und aufbewahrten Stücke, die ihm seinen Glanz verleihen.

Das Museum gehört zu den ältesten der Provence. Es wurde am 7. April 1859 von dem Historiker und Mitglied der Akademie des Vaucluse, Henri Chrestian, gegründet. Chrestian, der auch eine Zeit lang Bürgermeister von Sault war, stand dem Museum als Konservator bis zum Ende des 19 Jahrhunderts vor.

Die Sammlungen, zumeist handelt es sich bei den Ausstellungsstükken um Schenkungen von Privatpersonen, teilen sich in die folgenden Kategorien auf :

- Antike: hauptsächlich ägyptische (u.a. eine Mumie) und römische Exponate (Stelen, Altare,), Steinwerkzeuge, Statuen
- Mittelalter: Münzen, Rüstungen, typische Waffen
- Naturgeschichte: Mineralogie und Zoologie des Kanton Sault
- Numismatik: Orden, Münzen, antike Siegel
- Moderne: Gemälde, darunter die der Adelsfamilie Benardi de Valernes. Evariste de Bernardi war mit dem großen Maler Edgar Dégas befreundet.

Desweiteren beherbergt das Museum eine umfangreiche Sammlung von ca. 2500 Publikationen, darunter eine kostbare und vollständige Ausgabe der Enzyklopädie „Diderot und Alembert".

In dem „Golden Buch" des Museums finden sich u.a. die Signaturen der berühmten Schriftsteller Victor Hugo, Alfred de Vigny und Frederic Mistral sowie die des Historikers und 1. Präsidenten der III. Französischen Republik, Adolphe Thiers, wieder.

Die ausgestellten Gegenstände könnten leicht ein größeres Museum auffüllen. Mangels finanzieller Möglichkeiten muss sich das Museum, das den Charme einer Wohnung des 19. Jahrhunderts bewahrt hat, mit geringer Ausstellungsfläche zufrieden geben.

Öffnungszeiten: Montags, Mittwochs und Samstags zwischen 15 und 18 Uhr (Juli und August) oder unter Reservierung (Telefon: 04.90.64.02.30 oder direkt bei der Gemeindeverwaltung)

Die *Maison Guende* (La Maison de Département) beherbergt seit Januar 2007 eines von mehreren Kreishäusern des Departement Vaucluse. Es bietet Bürgern und Unternehmen eine Vielzahl von Serviceleistungen an (u.a. kostenlose Beratung für Unternehmensgründungen, PC Schulungen, Internetzugang, Arbeitsvermittlung, Schulungs- und Versammlungsräume).

Das *Moulin des Aires*, eine im 18. Jahrhundert gebaute Wassermühle, war noch bis zum Jahre 2006 eine baufällige Ruine. Nach umfangreicher Renovierung beherbergt sie seit Januar 2007 die Gemeindebibliothek und dient zudem als Ausstellungszentrum für Kunstobjekte.

Das *Centre de Découverte de la Nature et du Patrimoine*

Cynégétique bietet seinen Besuchern auf mehr als 600 m² die Möglichkeit, Flora und Fauna des Pays de Sault auf interaktive Art und Weise mit nahezu allen Sinnen zu entdecken. Hier kann man Tiere anfassen, die Gerüche verschiedener Hölzer entdecken und den Gesang verschiedenster Vögel erlauschen.

Zu den permanenten Ausstellungen mit den Themen „Wildvögel des Mont Ventoux“, „Wasser im Vaucluse“, „Geschichte des Ventoux-Waldes“ sowie „Mont Ventoux-Biosphärenreservat“ gesellen sich zeitlich begrenzte Ausstellungen zu aktuellen Themen, aber auch solche von Landschaftsmalern und anderen Künstlern. Als besonderen Service bietet das Zentrum geführte Wanderungen durch die Natur der Umgebung für Besuchergruppen an.

Der kleine Weiler Verdolier ist ein idealer Ausgangspunkt für Wanderungen auf den Mont Ventoux. Im 19. Jahrhundert zählte der kleine Ort noch ca. 300 Einwohner und hatte u.a eine eigene Dorfschule und einen Bäckerladen. Heute dienen die meisten Häuser als Zweitwohnsitz.

Im Jahre 2006 wurde mit der Restaurierung der ehemaligen Hauptstraße begonnen, die den ehemaligen Charme des Ortes wiederaufleben lässt.
Die kleine Kapelle St. Rose wurde im Jahre 1712 gebaut. Zum Gedenken an die Namenspatronin findet hier alljährlich noch eine einzige Messe statt - eine willkommene Gelegenheit zum Wiedersehen für die ehemaligen Bewohner des Ortes und deren Nachfahren. Die Kapelle verfügt über einen hübsch dekorierten Chorraum. Das ausgestellte Banner wurde bei Bauarbeiten im Jahre 2006 gefunden. Seine Ursprünge sind unklar - wahrscheinlich liegen sie im 19. Jahrhundert.

In St Jean de Sault, einem von Lavendelfeldern umgebenen Weiler, haben Kinder sich einen besonderen Spaß erlaubt, indem sie die Straßen des Ortes mit Namen versehen haben, die Besonderheiten einiger Einwohner wiedergeben. In der „Rue Ronflette" lebte eine Dame, deren Schnarchen man schon von Weitem hören konnte.

Monieux

Von Sault aus sind es nur wenige Autominuten bis zur unserer zweiten Station. Monieux ist ein kleines, mittelalterliches Dorf, wobei „klein“ sich auf die Einwohnerzahl von gerade einmal 250 Menschen bezieht. Flächenmäßig erstreckt sich die Gemeinde über immerhin 47 km^2. Mehrere kleinere Weiler, wie z.B. Le Grand Valat, Les Abeilles, La Gabelle, Les Isnards sind der Gemeinde Monieux angeschlossen.

Der Ort hat in den letzten Jahren eine erstaunliche Entwicklung genommen. Die Einwohnerzahl hat sich nahezu verdoppelt, und dabei haben zahlreiche Künstler hier ein neues Zuhause gefunden.

Das Dorf drängt sich förmlich an den Fuß eines Felsens, auf dem sich die Überreste einer Burg aus dem 12. Jahrhundert befinden. Hierbei handelt es sich um die Reste eines Wachturmes und die der Burgkapelle. Aus dieser Zeit stammt auch noch eine gut erhaltene Tür in den Wallanlagen, die ursprünglich das gesamte Dorf umgaben.

Unter duftenden, Schatten spendenden Bäumen schlängeln sich kleine Gassen durch das Dorf, dessen älteste Häuser aus dem 17. Jahrhundert stammen. Viele von ihnen wurden im letzten Jahrhundert stilgetreu restauriert.

Der Name Monieux soll seine Ursprünge bereits in der Antike haben: „Mons Jovis", was soviel wie „Berg des Jupiter" bedeutet. Man nimmt an, dass an dieser Stelle ein dem Jupiter geweihter Tempel stand. Allerdings hat man bis dato keinen Nachweis hierfür gefunden.

Die Dorfkirche von Monieux

Wie so häufig in der Provence, stellt auch hier die Dorfkirche eines der interessanten Gebäude dar. Sie ist dem Hl. Peter (St Pierre) geweiht und stammt in ihren ältesten Teilen aus dem 12. Jahrhundert. Die kleinen Kapellen in den Seitenbereichen wurden erst in späteren Jahrhunderten hinzugefügt.
In einer dieser Kapellen ist ein Uhrwerk aus dem 19. Jahrhundert ausgestellt, das zum Läuten der Kirchenglocke benutzt wurde. Das Uhrwerk wurde erst im Jahr 2003 durch ein elektronisches System ersetzt.

Auf den 14 Gemälden ist der Leidensweg Christi dargestellt.

Kapelle St Roch

Die sich unterhalb des Dorfes befindliche Wiesenlandschaft, durch die der Fluss Nesque fließt, war ehemals ein riesiges Sumpfgebiet. Am oberen Rand dieser Wiesen findet man die kleine Kapelle St. Roch (Sankt Rochus), die dem Schutzpatron gegen die Pest gewidmet ist und aus dem Jahre 1632 stammt. Sie wurde infolge der Pestepidemie der Jahre 1630/31 gebaut und hatte zunächst eine Länge von 10 m und eine Breite von ungefähr 4 m. Nachdem die Kapelle zunehmend verfallen war, wurde sie im Jahre 1832 anlässlich der Choleraepidemie in ihrer heutigen Form wiederaufgebaut.

Eine Mauer gegen die Pest

Am 25.Mai des Jahres 1720 brach an Bord des von Syrien kommenden und vor Marseille liegenden Schiffes „Grand Saint Antoine“ die Pest aus. Von der Hafenstadt aus verbreitete sie sich über die gesamte Provence und kostete unzähligen Menschen das Leben. Sie erreichte die Region um Apt (40 km südlich von Monieux) nur wenige Monate später, im September desselben Jahres.

Auf der Suche nach Schutz vor der Pest entschieden sich das zu der Zeit sich noch im Besitz des Papstes in Rom befindliche Avignon und das zum Königreich Frankreich gehörende Comtat Venaissin im März 1721 zum Bau einer 25 km langen Mauer, die das Vordringen der Pest verhindern sollte. Sie erstreckte sich von Monieux bis Cabrières und durchzog die gesamten Monts de Vaucluse. Zu ihrem Bau zwischen März und Juli 1721 wurden 500 Einwohner aus den umliegenden Dörfern zwangsverpflichtet. Tag und Nacht wurde die Mauer von ca. 1000 Soldaten bewacht, von denen einige dem Papst und andere dem französischen König unterstanden.

Im Jahre 1723 hatte die Mauer ihren Zweck erfüllt, und die Steine, mit der sie errichtet wurde, fanden andere Verwendungszwecke, z.B. im Hausbau.

Ob die Mauer wirklich Schutz gegen das Verbreiten der Pest gegeben hat, ist heute schwer zu sagen. Die Einen verweisen auf die Anzahl von Dörfern, die von der Pest verschont geblieben waren. Andere erwähnen beinahe spöttisch die Löcher in der Mauer, die es den Wanderratten (sie gelten als Überträger der Pestbakteriums) auch weiterhin ermöglichten, sich zu verbreiten.

Seit 1986 wird die Mauer alljährlich durch den Verein „Pierre sèche en Vaucluse“ restauriert. Jeden Sommer sind es überwiegend Jugendliche, die hier freiwillig und ohne Bezahlung einige Wochen ihrer Sommerferien verbringen.

Einen Teil der Mauer kann man in der Nähe der Ferme/Gîte St Hubert, die an der Verbindungsstrasse zwischen Monieux und Méthamis liegt, besichtigen. Zugang über den Wanderweg GR 91A.

St Trinit

St Trinit ist ein kleines Dorf, das im Norden des Plateau d'Albion zwischen Sault und Banon, dem Mont Ventoux und der Montagne der Lure gelegen ist.

Der auf einer Höhe zwischen 780 m und 914 m gelegene Ort zählt gerade einmal um die 100 Einwohner und erstreckt sich auf 1700 ha Fläche.

Seinen Namen leitet das Dorf von dem seiner Pfarrkirche St Trinité (Hl Dreifaltigkeit) ab.

Ein Spaziergang durch den Ort führt fast automatisch zu eben dieser romanischen Kirche aus dem 12. Jahrhundert, die seit dem 24. März 1915 unter Denkmalschutz steht.

Die Kirche wurde zwar bereits im 11. Jahrhundert erwähnt, die Ursprünge des heutigen Gebäudes gehen allerdings auf den Beginn des 12. Jahrhunderts zurück.

Wie die Kirchen der Nachbargemeinden Sault und St Christol d'Albion wird die Errichtung von St. Trinité dem Benediktinerorden St. André -de- Villeneuve- lez- Avignon zugeschrieben, in deren Besitz sie bis zu Beginn der Französischen Revolution verblieb.

Die Kirche besteht aus einem Kirchenschiff, einer Apsis und dem mit einer Kuppel bedeckten Chorraum. Die Dekoration ist eher schlicht gehalten. Jeder Gebäudeteil wird mit Bögen, Friesen und im romanischen Stil gehaltenen Kapitellen geschmückt.

Während der Religionskriege, die im 16. Jahrhundert im Süden Frankreichs wüteten, wurde die Kirche als Verschanzungsanlage genutzt. In der Höhe des Daches wurden Brüstungen und Unterstände gebaut. Hierdurch nahm das Gewicht der Dachkonstruktion derart zu, dass das Gewölbe später unter dieser Last einbrach.

Umfangreiche Reparaturarbeiten im 17. Jahrhundert waren die Folge. Diese führten u.a. zu einer Erhöhung des Deckengewölbes auf sein heutiges Niveau und zu einer Verlagerung des Eingangsportals.

Die ältesten Teile des Gebäudes sind jedoch in ihrem ursprünglich romanischen Stil erhalten geblieben. Auffallend ist der Chorraum mit den wenigen noch erhaltenen Darstellungen (Adler*, Stier**, Agnus dei**) sowie die aufwendige Konstruktion des Glockenstuhls.

Der Chorraum diente in früheren Zeiten den Mönchen als Versammlungsort zum Gebet. Betrachtet man das Gesamtgebäude in seinen Proportionen, so erscheint der Chorraum eher großzügig gehalten. Betrachtet man hingegen nur den Chorraum, so stellt man sich mitunter die Frage, wie zahlreich die Mönche wohl gewesen sein mochten, die hier zum Gebet erschienen.

Nahe der Kirche befindet sich die Kapelle St. Roch, die aus dem 17. Jahrhundert stammt und dem Schutzheiligen gegen die Pest, die in hier in den Jahren 1629/30 auftrat, gewidmet ist. Ihr Glockenturm stammt aus dem Jahre 1864. Die Kapelle wurde in den 90er Jahren restauriert. Leider ist sie für die Öffentlichkeit nicht zugänglich.

Das Dorf scheint über viele Monate nahezu verwaist und lebt nur in den Ferienmonaten zur Blüte auf. Auch hier haben die meisten der ehemals leerstehenden Häuser inzwischen neue Besitzer gefunden, die diese liebevoll restauriert haben und als Zweitwohnsitz nutzen oder Touristen als Ferienhaus zur Vermietung anbieten.

Das Dorf ist klein und weist nur wenige, enge Gassen auf. Aber bei etwas genauerem Hinsehen findet man auch hier die ein oder andere Überraschung

Im Oktober findet alljährlich ein großes Pilz-Fest in St.Trinit statt. „La fête de champignons" hat sich über die Jahre hinweg von einem Tipp für Insider zu einer Massenveranstaltung entwickelt, die Tausende von Menschen aus der Umgebung, aber auch von der Côte d'Azur und anderen Regionen anzieht.

Die zahlreichen Wälder und Wiesen der Umgebung bieten Pilzen einen guten Nährboden. Nicht verwunderlich also, dass es in den Herbstmonaten insbesondere an den Wochenenden von Pilzsuchern nur so wimmelt.

**Der Adler steht in der Bibel als Symbol für Gottes Fürsorge, der die Seinen „auf Adlerflügeln" trägt(Ex 19,4)*
***Der Stier gilt als ein Symbol für den Evangelisten Lukas und als ein Symbol der Stärke (Ps 92,11)*
***Das agnus die (Lamm Gottes) steht für Jesus Christus*

Blick auf das Pays de Sault

St Christol

Monieux

Sault

Aurel

St Trinit

Landschaft mit Blick auf den Mont Ventoux

Ländliche Idylle

Aurel

Aurel zählt sich zu den schönsten Dörfern im gesamten Departement Vaucluse. Auf einem Gebirgsvorsprung (ca. 800 ü.NN) erbaut, überragt es das Tal des Flusses Nésque, der hier seine Quelle hat.

Mit seinen Weilern Hameau Le Ventouret, Hameau Saint Esprit und Hameau Les Crottes zählt der Ort gerade einmal um die 160 Einwohner.

In den Sommermonaten verwandelt sich Aurel in ein Künstlerdorf, das von zahlreichen Malern aufgrund der idealen Lichtverhältnisse und der schönen Landschaftsmotive frequentiert wird. Neben den Malern sind es in den letzten Jahren vor allen Dingen Töpfer und Keramiker, die in dem Dorf ihrem Kunsthandwerk nachgehen.

Aurel liegt an der Grenze zum Departement Drome. Das Dorf besteht aus einem Labyrinth von Gassen und Treppen, die von Häusern aus dem 17. Jahrhundert flankiert werden. Häuser, die mit Steinen errichtet wurden, die aus den Steinbrüchen von Aurel stammen. Diese hatten über einen langen Zeitraum hinweg eine große Bedeutung für Haus- und Straßenbau im Pays de Sault.

Es waren die Hospitaliers de Saint-Jean-de-Jerusalem (besser bekannt als Malteser-Orden), die hier im 12. Jahrhundert ein Hospiz errichteten und damit die geschichtlichen Ursprünge des heutigen Dorfes begründeten, das ehemals als „Castrum Aurelii“ bezeichnet und bereits im Jahre 1178 urkundlich erwähnt wurde. Ende des 16. Jahrhunderts - während der Religionskriege - wurde der Ort durch den Baron de Vin eingenommen, einem Alliierten des Grafen von Sault.

Überreste eines Schlosses (im Privatbesitz, Besichtigungen sind nicht möglich) - ein quadratischer Turm mit vier Schießscharten - aus dem 13.Jahrhundert und einer Befestigungsanlage zeugen von einer bedeutenden geschichtlichen Vergangenheit.

Die romanische Kirche St Aurèle aus dem 12. Jahrhundert verfügt über zwei Kirchenschiffe, die als Besonderheit von zwei unterschiedlichen Gewölbeformen abgeschlossen werden: von einem Gratgewölbe das eine, von einem Tonnengewölbe das andere.

Das Oratorium Notre-Dame-de-Lourdes (1881), die ehemalige Kapelle Saint- Pierre sowie die Kapelle Saint-Esprit (1667) im Hameau de Crottes verweisen auf die Bedeutung, die der christliche Glaube in dem Ort einst gehabt hat.

Ca. zwei Kilometer südlich von Aurel befindet sich die nach dem Dorf benannte Karsthöhle, die l'aven d'Aurel, die bis zu 106 Meter Tiefe erforscht ist.

St Christol

Mit seinen gut 800 Einwohnern ist St Christol das zweitgrößte Dorf auf der Hochebene. Auf durchschnittlich 850 m Höhe gelegen, sind die Temperaturen hier etwas niedriger als in der Umgebung. Durch seine ungeschützte Lage ist es zudem dem Mistral stärker ausgesetzt als andere Dörfer.

Geschichte des Ortes

Bis vor wenigen Jahren hatte der kleine Ort noch eine große nationale wie internationale Bedeutung. Immerhin wurden auf dem Plateau d'Albion um St. Christol herum Atomraketen gelagert. Deren Stationierung in den 60er Jahren, aber auch deren Abbau (Ende der 90er Jahre) löste in der Bevölkerung sehr unterschiedliche Reaktionen.

Wie so häufig, gab es auch hier Befürworter und Gegner der Stationierung bzw. des Abzuges. Was für die einen mit Risiken behaftet war, wurde von den anderen als Chance gesehen. Ein Riss ging durch die Bevölkerung. Mahnwachen und eine Reihe von Demonstrationen besorgten St.Christol in diesen Jahren einige - nicht immer gern gesehene - Schlagzeilen in der Presse .

Die Folge des Truppenabzuges - immerhin waren bis zu 2500 Soldaten hier stationiert - war eine drastische Reduzierung der Einwohnerzahl mit zahlreichen Auswirkungen auf das Leben der im Ort Verbliebenen. Allerdings war diese Entwicklung nur von vorübergehender Natur.

Die Ansiedlung der Fremdenlegion nur wenige Monate nach Abzug der Raketen sowie entsprechende staatliche Förderprogramme haben dazu geführt, dass die Einwohnerzahl in den letzten Jahren stetig zunahm. Erst Anfang 2007 kam eine entsprechende Schätzung der Bevölkerungsentwicklung zu dem Ergebnis, dass bereits 2009 die Zahl der Einwohner bei 1200 liegen soll, deutlich mehr sogar als vor dem Abzug der Atomwaffen.

Die Ursprünge des Ortes lassen sich bis auf die Zeit der Albici zurückverfolgen, die dem Ort seinen Namenszusatz „d'Albion" gegeben haben. Das Dorf unterlag im Laufe der Jahrhunderte wie kein anderes im Pays de Sault großen weltlichen und religiösen Einflüssen.

Die Reste des ehemaligen Schlosses weisen noch heute auf die Bedeutung hin, die der Ort bereits im Mittelalter besaß. Zu Beginn des 12 Jahrhunderts sind es die Benediktiner, die eine im romanischen Stil gehaltene Kirche, die heutige Dorfkirche, erbauen. (s. Abschnitt Kirche)

Unter dem Vorwand, der Papst schulde ihm Gelder und Ländereien, ließ ein gewisser Raymond de Turenne aus dem Languedoc das Dorf am Ende des 14. Jahrhundert durch eine Horde von Banditen und Mördern nahezu vollkommen zerstören. Während der Religionskriege Mitte des 16. Jahrhunderts wurde das Dorf von Plünderern verwüstet. Im ausgehenden 18. Jahrhundert litt die Bevölkerung Hunger, und in den 30er Jahren des 19. Jahrhunderts wurde das Dorf von der Cholera heimgesucht, die eine große Anzahl von Todesopfern hinterließ.

Der I. Weltkrieg führte für mehr als 15% der Dorfbevölkerung zum Tode auf dem Schlachtfeld. Während des II. Weltkrieges litt das Dorf wie die ganze Umgebung unter den Repressalien der deutschen Besatzer.

Was gibt es in St Christol zu sehen ?

Bei einem Rundgang durch die Ortschaft, sucht man auch hier vergeblich nach Hausnummern Allerdings verfügt jedes Haus noch heute über einen Brunnen. Bei einem Blick auf die Dächer fallen unweigerlich die vielen darauf liegenden Steine auf. Diese haben nur einen Zweck: Schutz vor der unglaublichen Kraft des Mistral.

Romanische Kirche Notre Dame et Saint Christophe

Schon zur Zeit des Mittelalters haben Architekten, Maler, Bildhauer, usw. bei der Raumgestaltung von Kirchen versucht, Bibelinhalte in Formen zu fügen, damit diese über Jahrhunderte hinweg den Menschen etwas von Gott mitteilen.

Nichts war dabei dem Zufall überlassen. Architektur, Aufbau und Dekoration einer Kirche bildeten ein Gesamt-“kunst“-werk. Sie waren Teil einer „Bildersprache“, die wahrscheinlich auch so etwas wie eine eigene Grammatik bzw. einen Kodierungsschlüssel gehabt haben dürfte, in etwa so, wie unser heutiges Verkehrsschildersystem.

Da der überwiegende Teil der Menschen im Mittelalter weder

Lesen noch Schreiben konnte, waren deshalb Bilder und Symbole wichtig. Wie sie zu lesen und zu verstehen waren, wurde von einer Generation zur anderen weitergegeben. Wer die Bibel lesen wollte, des Lesens von Schrifttexten aber nicht mächtig war, konnte zumindest in der Kirche, dem Ort der Vergegenwärtigung der Verkündungs- und Erlösungsbotschaft, biblische Botschaften anhand von Darstellungen nachvollziehen.

Im August des Jahres 1096 folgten die Grafen von Agoult dem Aufruf Papst Urbans II zum Kreuzzug. Die Verwaltung des Plateau d'Albion trugen sie den Benediktinermönchen von Saint-André-de-Villeneuve-lez-Avignon an, die mit der Urbarmachung der Umgebung begannen und im Jahre 1119 mit dem Bau der Kirche in St Christol, die heute der Jungfrau Maria und dem hl. Christoph geweiht ist.

Die Kirche unterging mehrfach baulichen und damit stilistischen Veränderungen. So wurden im Jahre 1644 sechs Fenster eingebaut und ein Eingansportal verlegt sowie ein für drei Glocken vorgesehener Turm angebaut . Das Portal gab Zugang zu einem Garten, in dem ein Brunnen stand. Man vermutet, dass dieser Garten Mittelpunkt eines Kreuzgangs war, der mit der Kirche verbunden gewesen sein soll.

Die Inschrift „L.A. 1688 Achevée 1690 LA De Villemus" im nördlichen Seitenschiff zeugt von weiteren Bauarbeiten im Jahre 1688, die der Vergrößerung der Kirche dienten. Aus dieser Zeit stammt u.a. das heutige Einganssportal.

Im Inneren der Kirche findet man insbesondere im Altarraum eine Vielzahl von Darstellungen, denen ein symbolischer Charakter nachgesagt wird. Neben Tieren (z.B. Löwen*, Pelikane**) und Pflanzen, entdeckt man auch Fabelwesen. Die Darstellungen sollten die Gläubigen an die Einhaltung der Glaubensgebote mahnen und ihnen dabei des Existenz des Bösen und des Teufels vergegenwärtigen.

Der Altar der Kirche besteht aus einer großen Tischplatte und einem Sockel aus Kalkstein, in dem eine Nische zur Aufbewahrung der Reliquien eingearbeitet ist. Er hat seinen ursprünglichen Platz erst im Jahre 1975 wiedererhalten, nachdem er in den Jahrhunderten zuvor in anderen Winkeln der Kirche aufgestellt war.

Auf der Rückseite des Altars sind drei kleine, auf Säulen ruhende Bögen dargestellt. Unter diesen befinden sich - dargestellt als konzentrische Kreise - Brunnen aus denen Wasserstrahlen fließen, die beim Aufkommen auf den Boden kleine Halbreise bilden. Eine symbolische Darstellung der vier Flüsse des Paradieses (Pischon, Gihon, Euphrat und Tigris).

An seinen Seiten ist der Altar mit Darstellungen von Distel***-, Akanthus****-, und Weinblättern***** verziert. An seiner Hinterseite findet man drei Bögen, die den Himmel darstellen sollen.

Die immer wiederkehrenden Zahlen 3 und 4 sind keineswegs zufällig gewählt. In der christlichen Symbollehre steht die Zahl 3 für den dreifaltigen Gott, die Zahl 4 für das Geschaffene insgesamt (z.B. vier Himmelrichtungen, vier Elemente) und die Zahl 7, die sich bei Addition der beiden ersten Zahlen ergibt, symbolisiert Vollkommenheit (Gott hat die Welt an 7 Tagen erschaffen).

Die Kirche steht seit dem Jahre 1909 unter Denkmalschutz. Ihre reichhaltige Innendekoration und deren Symbolhaftigkeit macht sie zu einer echten Rarität in der Hoch-Provence.

**Der Löwe ist u.a. Sinnbild für den Evangelisten Markus und Attribut des hl. Hieronymus, der mit einem Löwen zusammengelebt haben soll.*
***Der Pelikan steht als Symbol für Christus, da nach altem Glauben der Pelikan seine Jungen mit dem eigenen Blut ernährt und sogar wieder zum Leben erweckt.*
****Die Distel ist ein Sinnbild der irdischen Mühsal, aber auch der Buße und des Leides.*
*****Akanthus (Bärenklau) steht für die Unsterblichkeit*
******Das Weinblatt wie auch die Traube steht für Jesus („Ich bin der Rebstock, ihr die Reben“, Wein beim letzten Abendmahl)*

Das Moulin Reynier

Hierbei handelt es sich um eine ehemalige Mühle, die von einem gewissen Herrn Reynier, einem aus Ferrasieres stammenden Müller, um 1830/1840 erbaut worden sein soll. Die Mühle wurde in der Folge von seinem Sohn und später von seinem Enkel bis zum Jahre 1888 weitergeführt.

Auf dem mit Zink bedeckten Dach drehte sich ehedem der Kegel der Mühle, der auf einem Steinsockel verankert war. An dem Kegel waren die mit Segeltuch bespannten Flügel befestigt. Die Bespannung erfolgte je nach der Stärke des Windes.

Im Jahre 1925 wurde dem Gebäude die Dachkonstruktion entfernt, da man es in einen Taubenstall umwandeln wollte. Der mit den Arbeiten beauftragte Maurer beabsichtigte zunächst die Vorderseite des Gebäudes abzureißen. Angeblich hatte er in seinen Planungen aber die Festigkeit des Mauerwerkes unterschätzt, was dazu führte, dass er seine Idee zum Abriss des Vorderteils aufgab und stattdessen die hintere Seite des Gebäudes erhöhte, was ihm sein heutiges Erscheinungsbild gibt. Nicht überliefert ist hingegen, ob sich die Tauben ihren neuen Zuhauses jemals angenommen haben.

Die Kapelle „Notre -Dame Amaron“

Sie liegt außerhalb des Dorfes auf dem Berg Amaron bei l‘Agarde d‘Apt.

Die Kapelle wurde im Jahre 1667 auf den Ruinen einer alten Einsiedelei aus dem Jahre 1032 errichtet. Das Datum ist über der sich unter einem Vordach befindlichen Eingangstür festgehalten. Einer alten Tradition folgend wurde die Kirche aus den Steinen eines zum Templerorden gehörenden Klosters errichtet.

Teile der Kirche werden dem romanischen Stil zugerechnet. Das Kirchenschiff wurde im 18. Jahrhundert in der Länge ausgebaut. Unter den Fliesen befindet sich eine Zisterne, deren Öffnung allerdings durch einen Betstuhl geschützt wird

Die Kirche dient noch heute als ein Wallfahrtsort (1.Juni).

Die Fremdenlegion

Sie ist nicht zu übersehen, die Kaserne Marechal König, die heute das 2. Pionierregiment der Fremdenlegion beherbergt. Ca. 950 Soldaten aus aller Welt nehmen seit 1999 das Gelände ein, das zuvor als Luftwaffenbasis diente.

Die Fremdenlegion galt lange Zeit als ein Auffanglager für Straffällige, die im Dienst in der Legion eine Chance sahen, ihr Leben neu zu ordnen. Diese Zeiten gehören längst der Vergangenheit an. Zwar kann man auch heute noch den ein oder anderen Soldaten mit einer entsprechenden Vergangenheit antreffen. Dies ist jedoch die Ausnahme. Grundsätzlich gilt die Regel: Niemand, der Blut an seinen Händen kleben hat, wird zum Dienst in der Legion zugelassen. Die Auswahl der Soldaten erfolgt heute anhand von Qualifikationen, wobei auf geistige Fitness mindestens soviel Wert gelegt wird wie auf körperliche. Die „High Technology“ hat vor den Toren der Kaserne nicht Halt gemacht, und die Anforderungen an den „Beruf“ Soldat haben sich mit ihr deutlich verändert.

Unter den Soldaten befinden sich viele aus den ost- und westeuropäischen Staaten, aber auch Asiaten und Afrikaner. Französisch ist die Alltagssprache, und entgegen landläufigen Meinungen kommt längst nicht jeder Legionär zu einem Einsatz in Krisengebieten.

Fremdenlegionäre unterliegen in den ersten Dienstjahren einer Reihe von Beschränkungen, die z.B. den Kauf eines Autos, das Verlassen des Kasernengeländes oder auch eine Heirat betreffen.

Andererseits können sie nach einer gewissen Anzahl von Dienstjahren und dem Nachweis einer tadellosen Führung sowie der Ablage eines Sprachtestes die französische Staatsangehörigkeit erhalten. Von dieser Möglichkeit machen in einem Jahr durchschnittlich 10 Legionäre in Kaserne von St. Christol Gebrauch. Im Rahmen einer öffentlichen Zeremonie sind es zivile Autoritäten, in der Regel die Bürgermeister der umliegenden Gemeinden, die ihnen eine Einbürgerungsurkunde überreichen.

Übrigens: Anders als der Begriff „Fremdenlegion“ glauben macht, können auch Franzosen in ihr Dienst leisten. Im Volksmund bezeichnet man die Kaserne auch gerne als „Grosses Oreilles“ - große Lauscher. Warum? Nun, die Antwort hierauf kann man schon aus einiger Entfernung der Kaserne sehen.

Es gilt strengstens Fotografierverbot der Anlage. Hin und wieder werden Tage der offenen Tür veranstaltet, die eine Begegnung mit den Soldaten und dem militärischen Material erlauben.

Ausflüge in die Umgebung

Der Mont Ventoux

Mit seinen 1909 Metern Höhe und mit seinem mit Geröll übersäten Gipfel zählt der Mont Ventoux zu den Wahrzeichen der Provence. „L'Olymp du Midi" oder „Le Géant Blanc" - der weiße Riese - wie er von den Einheimischen auch gerne genannt wird, ist ein (Vor-) Alpenausläufer, der vor ca.120 Millionen Jahren als Faltgebirge entstand. Der Gebirgszug erstreckt sich von Ost nach West in einer Breite von 15 km und von Aurel (Süden) bis Malaucène (Norden) in einer Länge von 25km.

Im Gegensatz zu seiner Südseite, die flach abfällt und leicht erwanderbar ist, steigt die nördliche Seite des Berges steil an und erfordert bei der Besteigung einige Erfahrung.

Das Massiv des Mont Ventoux steht seit 1990 unter dem Schutz der U.N.E.S.C.O, die ihn zum Biosphärenreservat erhoben und ihm das Label „Man and Biosphere" (MAB) verliehen hat.

Eine reichhaltige Flora zeichnet den Mont Ventoux aus. Man findet hier mehr als 400 Pflanzengattungen (über 1000 Pflanzenarten) an, von denen viele unter Naturschutz stehen und nicht gepflückt werden dürfen.

Erst im 19. Jahrhundert entdeckte der aus Avignon stammende Wissenschaftler Esprit Requien, dass sich die Vegetation am Mont Ventoux abhängig von Höhenlage und Standort entwickelt.

So herrscht am südlichen Fuß des Berges eine typisch mediterrane Vegetation mit Obstplantagen und Weinhügeln vor. Nur wenige Höhenmeter weiter weichen diese dann Eichenwäldern, bevor auf einer weiteren Vegetationsstufe Atlas-, Schwarz-, und Krüppelkiefern wachsen. Es folgt eine Region, in der vor allem Sträucher wie Buchs oder Wachholder gedeihen. Auf dem verkarsteten Gipfel begegnet man Pflanzen, die ihre eigentliche Heimat eher in alpinen Gletscherregionen haben, z.B. dem grönländischen Mohn oder auch der Martagon Lilie.

Im 19. Jahrhundert glichen weite Teile der Flanken des Mont Ventoux seinem Gipfel: Sie waren zu Steinwüsten geworden. Bereits in der Römerzeit hatte man mit der Rodung der Wälder an den Hängen des Berges begonnen. Das Holz war aufgrund seiner guten Qualität nicht nur als Feuerholz gefragt. Es wurde auch zu Holzkohle verarbeitet und kam beim Hausbau ebenso zum Einsatz wie beim Bau ganzer Schiffsflotten durch die Toulouser Werften, insbesondere im 17. Jhdt. Im Jahre 1860 wurde schließlich unter Napoleon III mit der Aufforstung des Berges begonnen.

Zur Fauna des Mont Ventoux zählen mehr als 120 Vogelarten. Bei etwas Glück begegnet man auf Wanderungen Wildschweinen, Rehen, Füchsen, Hirschen, Hasen, Gämsen oder gar dem korsischen Mufflon, das hier im Jahre 1964 ausgesetzt wurde und sich insbesondere an den Berghängen um Sault und Aurel heimisch fühlt.

Bis heute ist nicht mit Sicherheit geklärt, warum der Berggipfel kahl ist. Eine Theorie behauptet, dies sei eine Folge der jahrhundertelangen Rodung. Eine andere sieht die Gründe in den klimatischen Bedingungen, die auf dem Gipfel herrschen: Temperaturen bis zu minus 27 °C im Winter und ein Wind, der Geschwindigkeiten von bis zu 250 km/h erreichen kann.

Dem Wind wird von vielen auch der Name des Massivs zugeschrieben, steht doch der provenzalische Ausdruck „ventour“ genau hierfür: „dem Winde ausgesetzt“.

Eine andere Annahme geht davon aus, dass der Ursprung des Namens im 1. bis 2. Jahrhundert zu suchen sei und auf den Berggott „Vintur“ zurückgehe. Und wiederum andere weisen auf einen möglichen keltischen Ursprung des Namens hin: „Ven-Top“, ein mit Schnee bedeckter Gipfel.

Die Erstbesteigung des Mont Ventoux wird dem römischen Poeten Francesco Petrarca (1304-1374) zugeschrieben, der am 26. April des Jahres 1336 den Gipfel erreichte. Er hat die Besteigung in einem viel zitierten Brief an den Augustinermönchen Francesco Dionigi von Borgo San Sepolcro festgehalten. Leider berichtet er darin aber nicht über das Aussehen des Gipfels zu jener Zeit.

Tatsächlich haben Archäologen jedoch anhand von Funden hunderter kleiner, trompetenförmiger Tonobjekte nachweisen können, dass der Gipfel schon wesentlich früher von Menschen bestiegen worden war. Man vermutet, dass es sich bei den gefundenen Objekten um Opfergaben von Hirten an einen Windgott handelt.

Wenig bekannt ist, dass der Berg im 17. Jahrhundert der Herstellung von Trockeneis diente. Zu dessen Herstellung wurden tiefe Gruben am Berg ausgehoben, die man dann mit Schnee füllte. Dieser wurde mit Latten so lange beschlagen, bis sich seine Konsistenz verdichtete. Anschließend wurde er mit Astwerk bedeckt. Mit dem Herannahen des Sommers wurde das zwischenzeitlich entstandene Eis zu Blöcken gesägt und in die Eiskeller der umliegenden Dörfer transportiert. Von dort erfolgte der Verkauf des Eises in die Großstädte Avignon, Montpellier und Marseille. Das Eis diente neben der Herstellung von Eissorbets u.a. auch der Konservierung von Leichen.

Aber längst nicht alle Menschen waren so furchtlos wie die Eishersteller. Selbst im 18.Jahrhundert noch waren die Wälder des Ventoux ein von vielen Menschen gefürchteter Ort. Lebten hier nicht böse Wesen und Geister, und war die Höhle „Baume de Méne“ an der Nordseite nicht gar der Eingang zur Hölle?

Seit dem Beginn des 20. Jahrhundert finden sportliche Aktivitäten auf dem Mont Ventoux statt. Von Bedoin aus werden seit 1902 auch heute noch alljährlich Automobilrennen zum Gipfel hoch gefahren. Eine Strecke, die im Übrigen auch von Automobilherstellern gerne als Teststrecke genutzt wird.

Der Fahrradklassiker Dauphiné Libéré kennt den Mont Ventoux seit vielen Jahren als feste Etappe, und auch die Fahrer der Tour de France haben sich seit dem Jahre 1951 schon mehrfach unter größten Qualen an die Bewältigung des Massivs begeben. Traurige Berühmtheit erlang die Etappe des 13. Juli 1967, bei der der britische Radrennfahrer Tom Simpson stürzte und ums Leben kam. Auf der Südseite des Berges, nur einen Kilometer vom Gipfel entfernt, erinnert eine Gedenkstele an diesen traurigen Vorfall.

Aber auch auf Freizeitradler und Jogger aus aller Welt übt der Mont Ventoux eine magische anziehende Kraft aus. Und bei Schneefall entwickelt er sich zu einem beliebten Skigebiet für die Menschen der Umgebung.

Bei guter Sicht kann man übrigens vom Gipfel bis zum Mont Blanc und zum Mittelmeer sehen.

Wanderern empfiehlt sich eine Gipfelbesteigung im Frühjahr oder Herbst. Im Sommer startet man aufgrund der großen Hitze besser in den Morgenstunden, z.B. vom kleinen Weiler Verdolier aus, von dem ein Weg direkt zum Gipfel führt. Reichlich Wasser und ausreichende Verpflegung gehören ebenso in den Rucksack wie eine leichte Weste oder ein leichter Pullover, denn die Temperaturen auf dem Gipfel können bis zu 10°C niedriger sein als in den Tälern.

Der Mont Ventoux

Blick von Brantes auf die Nordseite des Mont Ventoux

Radfahrer auf dem Gipfel des Mont Ventoux

Blick auf die Gorges de la Nésque

Die Schluchten der Nésque (Gorges de la Nésque)

Nach den Gorges du Verdon gehören die Gorges de la Nésque zu den bekanntesten Schluchten der Provence. Ihre „Wieder“- Entdekkung verdanken sie dem Dichter Frederic Mistral im Jahre 1866, den es auf der Suche nach wildem Honig in die Schluchten gezogen haben soll.

Dass die Schluchten jedoch schon wesentlicher früher bekannt waren, belegen Funde aus prähistorischer Zeit, die man in mehreren ihrer Höhlen gemacht hat, sowie die sich im Tal der Schlucht befindende Kapelle „Saint Michel de Anesca“ aus dem 12. Jahrhundert, die, wie Inschriften belegen, im Jahre 1643 vollkommen restauriert wurde.

Der Fluss Nésque hat seine Quelle im Süden des Dorfes Aurel. Von dort aus fließt er in aller Gemütlichkeit in die Ebene von Monieux. Nachdem er diese durchquert hat, strömt er auf ca. 5 km zwischen Monieux und Méthamis durch eine Schlucht, die auf der einen Seite von einem Ausläufer des Mont Ventoux und auf der anderen Seite von den Monts de Vaucluse begrenzt wird. Das Flussbett liegt am Eingang zur Schlucht ca. 620 m ü.NN., am Ende der Schlucht auf ca. 26 m ü.NN.

Im Inneren der Schluchten

An ihrer engsten Stelle weisen die Schluchten eine Breite von weniger als 10 m auf. Die sie einschließenden Felsen erreichen eine Höhe von bis zu 300 m (vom Flussbett aus gemessen).

Die Schluchten der Nésque sind ein beliebtes Ausflugziel. Man kann sie erwandern oder bei Benutzung der Straße D942 (route touristique), die Monieux mit Villes sur Auzon verbindet, vom Fahrzeug aus bewundern.

Aufgrund der reichlich vorhandenen Parkmöglichkeiten empfiehlt sich Wanderern der Zugang vom Teich (plan d'eau) in Monieux aus. Hier befindet sich auch ein kleines Lokal, in dem man sich noch Verpflegung für unterwegs besorgen kann. Allerdings hat in den letzten Jahren der Pächter häufiger gewechselt, sodass man nicht immer von ausgehen darf, dass das Lokal auch geöffnet ist.

Die Wanderwege befinden sich gleich hinter der kleinen Bücke, die die Nésque überquert. Dem Wegweiser „Ferme St Hubert“ folgend erreicht man nach einer Weile ein weiteres Schild, das auf die Kapelle St Michel hinweist.

Ab jetzt beginnt ein Wanderung, die nicht ganz ungefährlich ist und die körperliche Fitness und absolut gute Wanderschuhe voraussetzt. Am besten zieht man für diesen Pfad seine Lieblingswanderschuhe an. Keine Turnschuhe, Straßenschuhe oder Sandalen.

An manchen Stellen begibt man sich auf äußerst schmale, zum Teil abschüssige und rutschige Wege. Dabei hat man häufig den Abgrund vor Augen. An anderen Stellen bewegt man sich sicherheitshalber auf „allen Vieren“ weiter, und an einigen Passagen kann die Wanderung durchaus den Charakter einer „leichten“ Bergerklimmung annehmen.

Die kleine, schlichte Kapelle St. Michel de Anesca befindet sich am Flusslauf der Nesque. Um zu ihr zu gelangen, muss man den Fluss an einer seichten Stelle zu überqueren. Das Gebäude hat - wie bereits erwähnt - seine Ursprünge im 12. Jahrhundert und diente noch bis ins 19. Jahrhundert als Wallfahrtsort.

Man sollte für die Wanderung ausreichend Wasser mitnehmen. Unterwegs gibt es keine Verpflegungsstation und die Temperaturen in der Schlucht können extrem in die Höhe gehen.

Von der D942 bieten sich Rad-, Motorrad- und Autofahrern zum Teil atemberaubende Aussichten in die Tiefen der Schlucht. Die Straße ist schmal, kurvig und an einigen Stellen extrem unübersichtlich. Aussichtpunkte mit Parkplätzen gibt es kaum. In den Hauptreisemonaten muss man sich deshalb auf auf der Fahrbahn parkende Fahrzeuge einstellen.

Karsthöhlen

Die Hochebene von Sault und insbesondere die Gegend um St Christol d'Albion eröffnet Abenteurern im wahrsten Sinne des Wortes tiefe Einblicke und Eingänge in die Unterwelt. Mehr als 300 Höhlen und unterirdische Gänge, die zum Teil mehrere Hundert Meter unter der Erdoberfläche liegen, wurden hier entdeckt und erkundet.

Diese Karstformationen, die nur in Gips oder Kalksteingegenden anzufinden sind, haben sich im Laufe von mehreren Millionen von Jahren infolge von Erosion durch Sickerwasser entwickelt. Dabei versickerte kohlensäurehaltiges Wasser in dem porösen Gestein und fraß dabei regelrecht Gänge und größere Hohlräume in dasselbe. So entstanden nach und nach die heutigen Höhlen.

Manchmal stürzten solche Hohlräume ein. Dabei bildeten sich Senken (Dolinen) die Größen von mehreren Quadratkilometern Fläche erreichen können (sog. Poljen).

Der Zugang zur und der Aufenthalt in der Unterwelt sind nicht ganz ungefährlich. Man benötigt eine professionelle Ausrüstung und fachmännische Begleitung.

Die in St Christol ansässige „Association Spéléologique du Plateau d'Albion" (rue de l'Eglise, Tel : 04 90 75 09 86) bietet für Höhlenforscher sämtlicher Niveaus entsprechende Führungen an.

Als Alternative bietet sich die oberirdische Erkundung der Eingänge dieser Höhlen z.B. bei Wanderungen oder Radtouren an.

Zu den bekannteren Höhlen zählen der „L'aven de la Servy" (bis auf 65 m Tiefe erforscht) der „l'aven Autran" (640 m tief, im Jahre 1933 entdeckt) und der „l'aven du Trou Souffleur" (597 m tief), dessen Entdeckung im Jahre 1935 ein ungewöhnliches Naturphänomen vorausging.

Die Einwohner des Ortes Lagarde d' Apt, an dessen Ortsrand sich der Eingang zur Höhle befindet, vernahmen am 26. Dezember einen lauten Knall. Sie rannten herbei und begaben sich auf die Suche nach dessen Ursache. Inmitten einer Wiese sahen sie einen stetigen Luftwirbel aus der Erdoberfläche aufsteigen, der sich erst nach mehr als 24 Stunden beruhigen sollte. Diese Erscheinung gab der Höhle dann auch ihren Namen - souffleur = „Bläser". Im Jahre 1986 wurde bestätigt, dass die Höhle Zugang zu dem unterirdischen Fluss Albion gibt, der hier in 600 m Tiefe fließt und ca. 60 km weiter in die Fontaine de Vaucluse, einem kaum erforschten unterirdischen Brunnen, mündet.

Der Eingang der „l'aven du Château" befindet sich inmitten des Dorfes St Christol und zwar an der Kreuzung der Straßen „Rue du Château" und „Grande Rue". Die Öffnung ist durch eine in dem Bürgersteig eingelassene Glasplatte zu sehen. Der Zugang wurde im Jahre 1960 bei Fundamentierungsarbeiten für ein Wohngebäude entdeckt. Die Höhle ist bis in einer Tiefe von 90 m Tiefe erforscht.

Der Lavendelhof (la ferme aux lavandes)

Angefangen hat seine Geschichte im Jahre 1994 als sich die gelernte Botanikerin Catherine Liardet mit ihren Kindern entschloss, ins heimatliche Pays de Sault zurückzukehren. Im Weiler Verdolier gründete sie zunächst einen Versuchsgarten, „le jardin aux lavandes“.

Die Enkelin eines ortsansässigen Lavendelbauers hatte bereits in früher Kindheit ihre Liebe zum Lavendel entdeckt.

„Als Kind lief ich den Schmetterlingen in den Lavendelfeldern hinterher und habe Bouquets für meine Großmutter oder meine Mutter gepflückt“, sagt sie über die Anfänge ihrer Leidenschaft für die Pflanze, die als Symbol für die ganze Provence steht .

Zunächst waren es gerade einmal 27 Carrés, die sie auf 2000 m² Ackerfläche um ihr damaliges Haus herum anbaute. Schon bald sprach sich die Existenz des Lavendelgartens herum, und es dauerte nicht lange, bis die ersten Neugierigen aus nah und fern ihre Aufwartung machten.

Getrieben vom Ehrgeiz, ihr Wissen über die Pflanze weiter zu vertiefen, entschloss sie sich zu weiteren Studien und veröffentlichte im Jahre 2000 ihr Erstlingswerk „Lavandes et paysages de lavandes“, das aufgrund einer anhaltenden, großen Nachfrage im Jahre 2004 neuaufgelegt wurde.

Das Wachstum ihres Lavendelgartens setzte sich seit seiner Gründung kontinuierlich fort. Im Jahre 2001 reicht der vorhandene Platz nicht mehr aus, um neue Lavendelsorten anzubauen und den Besuchern Parkmöglichkeiten zur Verfügung zu stellen.

Der erforderliche Umzug führte Catherine zurück auf die sich im Familienbesitz befindlichen Anwesen entlang der „Route de Mont Ventoux“ in Sault.

Auch in der neuen Umgebung setzte sich die Expansion der Pflanzungen stetig fort, so dass aus dem ehemaligen Lavendelgarten zwischenzeitlich ein Lavendelhof entstand.

Auf mehreren Hektaren Anbaufläche kann der Besucher dort heute mehr als 200 verschiedene Lavendelsorten (darunter auch einige weißblühende) antreffen und bei Gefallen in der zum Anwesen gehörenden Aufzucht erwerben.

Adresse: La Ferme aux Lavandes, Route de Mont Ventoux, 84390 Sault

Die D942 in den Gorges de la Nésque

Maison ASPA in St Christol

Catherine Liardet

Observatoire Sirene

Sternwarten

Der Himmel der Provence gilt als einer der klarsten in ganz Europa. Nur selten wolkenverhangen, finden professionelle wie Amateur-Astronomen die besten Voraussetzungen zur Erforschung des Planetensystems. Nicht verwunderlich also, dass sich in den näheren Umgebung von Sault gleich zwei Sternenwarten niedergelassen haben.

Das „Observatoire Sirene“ ist in dem gerade einmal 16 km von Sault entfernten Dorf Lagarde d‘Apt (ca. 1200 m ü. NN) gelegen. Es befindet sich seit Mai 2001 auf einem ca. 5 ha großen Gelände, das bis Ende der 90er Jahre der Stationierung von Atomraketen diente.

Die Warte bietet Führungen für Individualbesucher und Gruppen bis zu 40 Personen an, die allerdings vorher gebucht werden müssen. Als eine der wenigen Sternenwarten verfügt sie über ein Teleskop, das auch Rollstuhlfahrern die Möglichkeit zum Blick in unerforschte Welten gibt.

Die zweite Warte, „L‘Observatoire de Haute-Provence“ liegt in dem kleinen Ort St. Michel de Provence bei Forcalquier - gut eine Autostunde von Sault entfernt. Es wurde im Jahre 1937 gegründet und wird alljährlich von bis zu 200 Astronomen aus aller Welt zu Forschungszwecken aufgesucht. Im Jahre 1995 waren es die Wissenschaftler M. Mayor und D. Queloz, die von dieser Warte aus als erste einen Planeten außerhalb unseres Sonnesystems entdecken sollten.

Auch diese Sternenwarte bietet interessierten Besuchern Führungen für Interessierte an.

Wirtschaft

Der Lavendelanbau

Wohl nirgendwo sonst in Europa wird der Lavendelanbau so intensiv betrieben wie auf der Hochebene von Sault. Immerhin beträgt die Anbaufläche ca.1150 ha und macht damit ca. 80% der Lavendelanbaufläche des Departements Vaucluse aus.

Dabei wird der intensive Lavendelanbau hier erst seit Beginn des 20. Jahrhunderts (um 1920) betrieben. Zwar war die Umgebung von Sault bereits im 18. Jahrhundert für ihren wild wachsenden Gebirgslavendel bekannt, aber dieser diente zur jener Zeit einzig der Ernährung der Bienen.

Die eigentlichen Anbaugebiete lagen hingegen in der Umgebung der Parfumstadt Grasse im Departement Var. Es war die steigende Nachfrage der Parfumindustrie nach Lavendelessenzen zu Beginn des letzten Jahrhunderts, die die Ausdehnung des Anbaugebietes nach Sault vorantrieb. Hier fand die Pflanze ideale Wachstumsbedingungen: Höhenlage, trockene und kalkhaltige Böden sowie regelmäßigen Sonnenschein.

Heute werden um die 20 Lavendelsorten angebaut. Man unterscheidet dabei den echten Lavendel (lavande), der in Höhenlagen ab 800 m angebaut wird, von dem Lavandin. Letzterer ist eine Kreuzung aus dem echten Lavendel und dem Speik-Lavendel. Der Lavandin ist die größere, robustere und weitaus leichter zu pflegende Pflanze. Auch sie wird hier in einem bedeutendem Maße angebaut. Allerdings ist die Qualität ihrer Essenzen weit geringer als die des „echten" Lavendels. Das Öl des Lavandin wird für Reinigungs- und Pflegemittel verbraucht, während das des Lavendel überwiegend in der Herstellung von Luxusparfums (überwiegend Herrenparfums), aber auch in der Heilmittelherstellung zur Anwendung kommt.

Zur Herstellung eines einzigen Liters reiner ätherischer Lavendelessenz benötigt man zwischen 120 kg und 140 kg echten Lavendel abhängig u.a. vom Regenfall in den Vormonaten. Im Falle des Lavandin sind es hingegen gerade einmal zwischen 40 kg und 60 kg, die zur Herstellung der selben Menge benötigt werden.

Bei der Herstellung der Essenzen durch Destillation fällt als Nebenprodukt Lavendelwasser an. Dessen Gehalt an Duffstoffen reicht aus, um es für die Hersteller von Massenprodukten in der Körperpflege- und Waschmittelindustrie interessant zu machen.

Auf der Hochebene von Sault werden in einem Jahr zwischen 15t und 20t reiner Lavendelessenz aus dem Anbau des echten Lavendel gewonnen, was immerhin gut einem Viertel der französischen Gesamtproduktion entspricht.

In früheren Zeiten wurde der Lavendel von Hand mit einer Sichel geerntet. Für die Ernte von 10 ha Anbaufläche benötigte eine vierköpfige Familie dabei bis zu 30 Tage. Der Lavendel wurde auf den Feldern getrocknet und in einer Vielzahl kleiner Destillerien verarbeitet.

Heute sind es z.T. hochmoderne Maschinen, die manchmal von den Bauern selbst entwickelt wurden, die bei der Ernte zum Ensatz kommen und dabei die Arbeit von bis zu zwölf Erntehelfern ersetzen. An die Stelle der kleinen, privaten Destillerien sind mehrere große getreten, die als Genossenschaften betrieben werden.

Der Preis für Lavendelprodukte hat über viele Jahre hinweg deutlich nachgelassen und die Konkurrenz aus einigen osteuropäischen Ländern, aber auch aus China, ist weiter auf dem Vormarsch. Früher konnte eine Familie von dem Ertrag von 30 bis 40 Hektaren Lavendel leben. Heute benötigt sie dazu den Ertrag von 70 bis 80 Hektaren.

Jeder Bauer versucht daher die Kosten für die Produktion und Ernte so gering wie möglich zu halten. Dennoch hat manch einer von ihnen den rapiden Preisverfall in den zurückliegenden Jahren nicht auffangen können und den Anbau leider aufgeben müssen.

Die Herstellung von Lavendelessenz durch Destillierung

Die Herstellung der begehrten Essenzen kann auf zweierlei Verfahren erfolgen: entweder durch die Benutzung eines Lösungsmittels oder durch Destillierung, die hier in der Regel angewandt wird.

Bei diesem Verfahren werden die Lavendelstängel samt ihrer Blüte in den Destillierkessel gefüllt. Mit viel Aufmerksamkeit wird darauf geachtet, dass die Stängel weder zu dicht noch zu locker gepresst sind, denn dies würde das Verhalten des Dampfes negativ beeinflussen.

Destillerie

Als Brennstoff zur Erzeugung des Wasserdampfes wird häufig Lavendelstroh verwandt, das bei der Destillation in großen Mengen übrig bleibt und weit günstiger als andere Heizmaterialen ist.

Kommen die Zellen der Essenzen in Kontakt mit dem heißem Wasserdampf, dehnen sie sich aus und explodieren schließlich. Die sich hierbei freisetzenden ätherischen Öle vermengen sich mit dem Wasserdampf. Die so erhaltene Dampfmischung wird abgekühlt und in einem Gefäß kondensiert. Die zwei Flüssigkeiten - Essenz und (Lavendel-)Wasser - teilen sich aufgrund ihrer unterschiedlichen Dichte und werden in unterschiedlichen Behältern aufgefangen. Der ganze Vorgang dauert gut eine Stunde.

Zu Beginn des 20. Jahrhunderts benutzte man Destillierkessel aus Kupfer mit einem Fassungsvermögen von um die 100 Liter. In diesen Kesseln wurden die Lavendelstängel mit Wasser vermischt und direkt über dem Feuer erhitzt.

Später wurden dann modernere Verfahren mit Wasserdampf entwikkelt, die einen direkten Kontakt der Pflanze mit der Hitzequelle verhinderten und somit zur Schonung des Parfums beitrugen.

Noch heute arbeitet man nach dem gleichen Prinzip. Allerdings sind die Anlagen moderner und von größerer Kapazität. Der Wasserdampf wird mit dem Druck von einem einzigen Heizkessel erzeugt, der gleichzeitig mehrere Destillierkessel versorgen kann.

Fast alle Destillerien werden heute als Kooperativen betrieben. Da bei dem Vorgang größere Wassermengen benötigt werden, haben sich die meisten Destillerien entlang des Flusses Nesque angesiedelt.

In der Erntezeit erkennt man sie schon aus der Ferne am aufsteigenden Rauch. Die Essenzen werden übrigens per Kilogramm verkauft (1 kg = ca. 1.175 Liter)

Der landwirtschaftliche Zyklus des Lavendelanbaus

Pflanzzeit ist der Monat März. Dann werden die Stecklinge in ca. 30 cm Abstand voneinander in den vorher bearbeiteten Boden eingepflanzt. Der Abstand, der zwischen den Pflanzreihen eingehalten wird, beträgt 1,50 m. Auf einen Hektar Land wachsen somit bis zu ca. 15.000 Pflanzen Lavendel bzw. bis zu 10000 Lavandinpflanzen.

Im April und Mai steht die Unkrautbekämpfung auf dem Programm. Der Bauer bedient sich dabei einer Art „Hacke“, die an einen Pflug erinnert, und die hinter einen Traktor gespannt das Unkraut zwischen den Pflanzreihen an den Wurzeln herauszieht. Bepflanzungen jüngeren Alters werden allerdings nach wie vor manuell behandelt. Danach werden die Felder gedüngt.

Der Juni steht für den Beginn der Blütezeit. Die Distillerien werden vorbereitet und die Saisonarbeiter (häufig aus osteuropäischen Ländern) eingestellt.

Anfang Juli beginnt die manuelle Ernte der Lavendelbouquets. Ca. Mitte Juli befindet sich die Pflanze in ihrer vollen Blüte. Jetzt werden die Ähren auf ihr Reifestadium geprüft. Ende Juli beginnt die eigentliche Ernte, die je nach Wetterbedingungen ungefähr zwei Wochen dauert. Die Ernte des Lavandin kann sich bis Mitte August erstrecken.

Im August und September steht erneut die Unkrautbekämpfung auf dem Programm der Lavendelbauern.

Alte Pflanzen (ca. 10 Jahre), die nicht mehr ertragreich sind und solche, die evtl. verdorrt sind, werden im Oktober dem Boden entrissen. Zur gleichen Zeit wird der Acker für die Pflanzzeit im nächsten Frühjahr vorbereitet. Grobe Steine werden entfernt, kleinere mit einem" Steinbrecher" zerkleinert. Anschließend wird der Boden gepflügt, damit er sich über den Winter hin erholen kann.

Im November beginnt die Aussaat neuer Pflanzen. Diese müssen ein Alter von drei Jahren erreicht haben, bevor man sie für eine Pflanzung benutzen kann.

Zur Geschichte des Lavendel

Der Lavendel (lavendula stoechas) wurde bereits bei den Römern erwähnt, die ihn als Badezusatz oder als Duftmittel für ihre Wäsche benutzten. Die Nutzung der Pflanze, die von dem römischen Naturkundigen Plinius d. Älteren (23 - 79n.C.) zu den „wertvollen Pflanzen" gezählt wurde, eroberte nach und nach den gesamten Mittelmeerraum.

Im Mittelalter kam zum ersten Mal der Begriff „Lavendel" als Bezeichnung für die Pflanze auf. Er ist vom lateinischen Wort „lavare" abgeleitet, das in seiner Übersetzung „waschen" bedeutet.

In diesen Zeiten wurden die Wirkstoffe der Pflanze zur Behandlung von Infektionskrankheiten genutzt. Lange Zeit herrschte der Glaube vor, solche Krankheiten würden durch schlechte Gerüche übertragen. Was also lag näher, als sie mit dem wohlriechenden Duft des Lavendel zu bekämpfen?

Lavendellandschaft

Lavendel- ein beliebtes Fotografiermotiv

Herstellung von Lavendelspindeln

Neuanpflanzung

Wie auch andere Aroma- und Heilpflanzen, wurde der Lavendel im Mittelalter überwiegend in Klostergärten angebaut. Aus Urkunden geht hervor, dass die Pflanze in einem größeren Umfang bereits im 14. Jahrhundert in der Region Burgund angebaut wurde, einer Region also, in der viele Klöster ansässig waren.

Die Entstehung der Fakultäten in Marseille und Montpellier im 13. Jahrhundert trug dazu bei, das Wissen über die Heilpflanze und ihre Wirkstoffe zu vertiefen. Aufgrund der ihr zugeschriebenen heilenden Wirkungen fand sie immer wieder Einsatz bei der Bekämpfung von Epidemien und gar der Pest.

Den Einzug in die Parfumindustrie hielt der Lavendel im 18. Jahrhundert in dem kleinen Städtchen Grasse, das unweit von Nizza gelegen ist. Der Ort war damals vornehmlich bekannt für die Verarbeitung von Leder. Wie es die Zeit so wollte, war es zur Mode geworden, parfümierte Lederwaren zu tragen. Und so kam es, dass sich nach und nach die ersten größeren Parfumhersteller in der heute weltbekannten Stadt ansiedelten.

Mit dem Anwachsen der Stadtbevölkerungen im 19. Jahrhundert ging ein wesentlicher Anstieg des Parfumverbrauchs einher. Die tägliche oder zumindest regelmäßige Körperwäsche gab es noch nicht und so parfümierte man sich, um Schweißgerüche zu überdekken.

Die vorhandenen Lavendelanbauflächen und deren Erträge reichten folglich nicht mehr aus, um die gestiegene Nachfrage nach Lavendelessenzen, dem wichtigen Rohstoff zur Parfumherstellung zu befriedigen. Einige Gemeinden stellten daraufhin Hügel in der Umgebung ihrer Orte zum Anbau der Pflanzen Verfügung, was zu deren Verbreitung über die Grenzen des ursprünglichen Anbaugebietes bei Grasse beitrug.

Das ist auch die Zeit, in der der Lavendelanbau zunehmend den Charakter eines Spekulationsgeschäftes annahm. Ließen sich hiermit doch innerhalb kurzer Zeit erträgliche Summen erwirtschaften. Die Pflanze verdiente sich in diesen Jahren nicht nur aufgrund ihrer medizinischen Wirkungen den Beinamen „l'or bleu" - das blaue Gold.

Die Erlöse aus dem Handel mit den Essenzen wurden keineswegs nur zur Seite gelegt. Viele Bauern investierten vielmehr große Teile in die Modernisierung ihrer Betriebe, in der Hoffnung auf weitere, ständig wachsende Gewinne.

Im Jahre 1905 begann die Kultivierung des wilden Gebirgslavendels auf Verlangen der Parfumindustrie. Zur intensiven Nutzung dieses kultivierten Lavendels - echter oder auch feiner Lavendel genannt - kam es allerdings erst nach dem 1. Weltkrieg.

In den 20er und 30er Jahren erlebte der Anbau weitere Höhepunkte. Man hatte entdeckt, dass man mit einfachsten Methoden die Ergiebigkeit der Ernte noch deutlich steigern konnte. Zu diesen neuen Methoden gehörte das „Entsteinen" und das Pflügen der Äcker ebenso wie die natürliche Unkrautvernichtung durch Schafe. Erntehelfer, die mit zunehmenden Anbau in einem größeren Masse benötigt wurden, waren in diesen Jahren leicht zu finden. Viele von ihnen kamen aus Italien und waren in den Frühjahrsmonaten mit anderen Saisonarbeiten in der Umgebung beschäftigt

Die Jahre zwischen 1925 und 1930 gingen einher mit umfangreichen Forschungstätigkeiten, die zur Entwicklung einer neuen Pflanze führte: dem Lavandin. Eine Kulturpflanze, die sich durch eine höhere Widerstandsfähigkeit gegen Witterungseinflüsse und Krankheiten ebenso auszeichnen sollte wie durch eine wesentlich höhere Rentabilität. Nahezu zeitgleich wurde an der Entwicklung zur Mechanisierung der Ernte gearbeitet. Im Jahre 1928 gelang es dem Lavendelbauern Felix Eysseric in Nyons, die erste Erntemaschine zu entwickeln.

Der stetige Ausbau der Anbauflächen kennzeichnete die Jahre zwischen 1932 und 1952. Die Modernisierung der Destillierungsanlagen ging einher mit einer Verringerung derer Anzahl bei gleichzeitiger Erhöhung der Kapazitäten. Und auch die Mechanisierung des Erntevorganges machte weitere Fortschritte.

In den 50er Jahren fand eine Konzentration des Anbaus des „echten" Lavendel auf den Hochebenen von Sault und Valensole sowie im Rhonetal statt. Mit dem Jahre 1965 erfolgte eine wesentliche Ausweitung der Anbauflächen des Lavendin in die Departements Gard und Ardeche.

Der zunehmend intensivere Anbau des Lavandin, synthetische Ersatzprodukte sowie eine bis heute nicht vollkommen erforschte Krankheit der Pflanze verdrängen seit den 60er Jahren zunehmend den „echten" Lavendel. Seine Essenzen werden seitdem immer weniger von den großen Konsumgüterherstellern der Wasch- und Körperpflegemittelindustrie nachgefragt.

Aber sie behielten stets ihren festen Platz in der Arzneimittelherstellung und in der Herstellung von Luxusparfums.

In den 70er Jahren erreichte der Anbau des Lavendel und des Lavandin den vorläufigen Höhepunkt, bevor in den 80er Jahren zur nächsten großen Krise kam. Viele Pflanzen waren von Viren befallen und osteuropäische Konkurrenten traten erstmals verstärkt in Erscheinung, um die Angebotslücke auf dem Weltmarkt zu schließen.

Um sich gegen die Konkurrenz zu schützen, wurde das Lavendelöl aus der Provence 1981 als Marke (lavande agrée AOC) definiert. Die Marke kennzeichnet seitdem die Produktion einer ausgezeichneten, kontrollierten Qualität, die ausschließlich aus Ölen des echten Lavendels besteht, und deren Anbaubedingungen klar festgelegt sind.

In den 90er Jahren setzte sich die Krise fort. Infolge von Überproduktion kam es zu einem erheblichen Preisverfall am Weltmarkt. Spätestens jetzt waren die goldenen Zeiten vorbei. Höhere Preise ließen sich kaum durchsetzen. Man war froh, dass sich der Preis auf einem stagnierenden Niveau einpendelte. Einige Bauern verschreiben sich seitdem dem Bio- Anbau. Ein Markt der sich allerdings nur langsam entwickelt.

Lavendelprodukte aus biologischem Anbau findet man seitdem in einem zunehmenden Maße auch auf den Wochenmärkten.

Auch das 21. Jahrhundert kündigte sich für die Lavendelbauern alles andere als positiv an. Die Trockenheit des Sommers 2003 und die klimatischen Verhältnisse in den nachfolgenden Jahren führten im Jahre 2006 zu einem vorläufigen Höhepunkt der Krise.

Viele Lavendelanbauern hatten regelrechte Missernten zu verzeichnen. Bis zu 75% Verlust beim echten Lavendel und bis 30% beim Lavandin, eine noch immer anwachsende Konkurrenz aus Osteuropa und nunmehr auch China, stagnierende Preise.

Eine Nachricht, die Schlagzeilen machte und allseits Fragen um die Zukunft des Lavendelanbaus aufwarf.

Lavendel in der Heilkunde

Dem Lavendel werden eine Vielzahl von Heilwirkungen nachgesagt. Er ist antiseptisch und soll u.a. eine beruhigende, harntreibende, krampflösende und sogar blähungstreibende Wirkung entfachen.

Er soll bei Asthma, Herzbeschwerden, Erschöpfungszuständen, hohem Blutdruck, Husten, Kreislaufschwäche, Magenkrämpfen, Migräne, Nervosität, oder auch bei Schlaflosigkeit Linderung verschaffen.

Die Hl. Hildegard von Bingen (1098-1179) erkannte schon vor mehr als 800 Jahren die wundlindernde Wirkung des Lavendel. Den Amerikanern wird gar nachgesagt, ihren Verletzten im Korea Krieg damit Notverbände angelegt zu haben.

Daneben wirkt der Lavendel auch gegen tierische Gifte bzw. deren Folgen. Auf gereinigter Haut aufgetragene Lavendelessenz, soll

Schwellungen nach einem Insektenstich verhindern. Und es soll sogar Menschen gegeben haben, die Bisswunden von Vipern mit Lavendel behandelten. Natürlich werden die zuverlässigsten Ergebnisse nur mit der feinen Lavendelessenz aus dem „echten Lavendel" erzielt.

Lavendelhonig

Bereits seit der Antike verbindet man die Kultur von aromatischen Pflanzen und Bienenzucht. Die Biene hat eine wichtige Bedeutung bei der Befruchtung der Pflanzen und sichert durch ihre Aktivität das genetische Erbgut der Pflanzenarten.

Bis vor ca. 10 Jahren war Lavendelhonig kaum über die Grenzen der Provence hinaus bekannt. Inzwischen ist es auch Dank einer geschickten Vermarktungsstrategie gelungen, das Produkt in ganz Frankreich und in den angrenzenden Ländern, insbesondere in Belgien und Deutschland, bekannt und begehrt zu machen.

Beim Lavendelhonig handelt es sich um kein Massenprodukt. Die Anbaufläche des Lavendel ist begrenzt, und die Erntemenge variiert von einem Jahr aufs andere sehr stark. Für das Jahr 2004 wurde für die gesamte Provence eine Menge von ca. 1000 Tonnen verzeichnet.

Die Erntemenge ist abhängig vom Wachstum und der Qualität der Lavendelblüten und der Anzahl der Bienenvölker, deren Populationen sich in den letzten Jahren unter dem Einfluss natürlicher Feinde, aber insbesondere durch das Zutun der Menschen, deutlich verringert haben.

Seit dem Jahre 2003 haben zudem extreme Trockenperioden zur Vernichtung großer Lavendelflächen beigetragen und die Honigproduktion derart stark verringert, dass die steigende Nachfrage nach dem Produkt zeitweilig nicht befriedigt werden konnte.

Eine Situation, die die Imker mit großer Sorge verfolgen. Denn wie die Lavendelbauern müssen auch sie darauf gefasst sein, dass Konkurrenten aus Osteuropa und China versuchen werden, die Situation zu nutzen, um die Angebotslücke zu schließen und um Druck auf den Preis auszuüben.

Auf der Hochebene von Sault hat sich die Imkerei, bezogen auf den Umsatz, inzwischen zum zweitwichtigsten Wirtschaftsfaktor entwickelt. Unzählig sind die Bienenstöcke, die während der Blütezeit überall in der unmittelbaren Umgebung der Lavendelfelder aufgestellt werden.

Um mögliche Interessenkonflikte zwischen Imkern und Lavendelbauern zu verhindern, ist der Schnitt der Lavendelblüte durch entsprechende Vorschriften geregelt. Die Honigernte beginnt - wie die Lavendelernte - ab ca. Mitte Juli und dauert bis in den August hinein.

Honig aus Sault ist für seine Qualität berühmt! Er hat eine helle, fast weiße Farbe, eine feine Konsistenz und ist angenehm mild im Geschmack. Ihm werden gesundheitsfördernde Eigenschaften nachgesagt. So soll u.a. er eine entzündungshemmende und krampflösende Wirkung auf die Atemwege entfachen.

Lavendelhonig

Bienenzüchter bei der Kontrolle der Ernte

Petit Epeautre

Trüffel- ein seltenes Exemplar von mehr 500g

Schafzucht

Die Schafzucht stellt nach wie vor noch einen wichtigen Agrarsektor dar. Allerdings sind es nur noch gut eine Handvoll von Züchtern, die größere Herden halten.

Samuel G., einer von ihnen, ist Schafzüchter in Monieux. Der Vater von drei Kindern pflegt damit eine Familientradition, denn bereits sein Vater sowie sein Großvater gingen dieser Tätigkeit nach.

Für ihn ist sein Beruf eine Leidenschaft. „Ohne Leidenschaft zu diesem Beruf und zu den Tieren ist es unmöglich, die Herde bei sämtlichen klimatischen Bedingungen zu begleiten“, sagt er.

Seine Herde zählt immerhin um die 1000 Tiere. Um eine gute Fleischqualität zu erhalten, legt er Wert darauf, dass die Nahrung der Tiere der Evolution der Gräser folgt. Denn:„ Vor der Blüte sind die Gräser besser“.

Im Sommer bringt er seine Herde in die Höhenlagen des Mont Ventoux.

Auch dem Schafzüchter bereitet die Dürre der letzten Jahre Sorgen. Da auf den Wiesen nicht ausreichend Futter vorhanden war, musste er den Tieren bereits im Sommer Heu zufüttern. Heu, das eigentlich für den Winter gedacht war, und das er von weit her kommen lassen musste.

Jährlich verkauft er um die 800 Jungtiere an die Fleischer der Umgebung. Aber auch eine Vielzahl von Restaurants gehören zu seine Kunden. Lammfleisch ist eine Spezialität der Region und darf auf keiner Speisekarte fehlen.

Ein großes Problem stellt für den Züchter die Entwicklung des Preises für Schurwolle dar, die heute praktisch wertlos ist.

Leben kann er - wie auch die anderen Züchter- von der Schafzucht kaum. Deshalb ist er auf Nebentätigkeiten wie z.B. den Handel mit Kaminholz und den Verkauf von Trüffeln angewiesen. Und mehr denn je auf Subventionen vom Staat.

Petit épautre (Einkorn)

Der „Petit Epautre“ (Einkorn, in Frankreich aber häufig als „Dinkel“ übersetzt) - oder auch „Weizen der Gallier“ genannt - gilt als der Vorfahre unserer heutigen Getreidesorten. Die ersten Spuren sollen sich bis auf die Zeit um 9000 v. Chr. zurückverfolgen lassen. Bei den Römern, die auch auf der Hochebene von Sault ansässig waren, war er äußerst beliebt, und in deren Küche war er kaum weg zu denken.

Der petit épautre wächst bis zu einer Länge von 70 cm. Seine Ähre, die gold-gelb in den Sommermonaten erstrahlt, ist etwas spröde. Sie zerfällt deshalb sehr leicht in die einzelnen Stufen der Ährenspindel. Dann bleiben die einzelnen Spindelglieder mit einem Ährchen übrig. In einem einzigen Spindelglied, das auch als Fese bezeichnet wird, findet sich in aller Regel nur ein einiges Korn - im Gegensatz zu 2 bis 3 Körnern bei den bekannten Weizenarten.

Das Einkorn ist also nicht besonders ergiebig. Es hat zudem einen Spelzanteil, der weit über 30% liegen kann. Die Erntemengen belaufen sich auf gerade einmal 10 bis 15 Zentner Endprodukt pro Hektar.

Da die Körner auch nach dem Dreschen noch fest von den Spelzhüllen, umschlossen sind, muss vor dem Mahlen in der Mühle noch ein weiterer Arbeitsgang eingelegt werden: das Gerben. Hierbei werden die Körner mechanisch aus dem Spelz gelöst. Danach wird das Spelz/ Korn- Gemisch gereinigt. Hierbei wird das Korn vom Spelz getrennt, und es kann endlich in der Mühle vermahlen werden.

Geringe Ertragsmengen und ein aufwendiger Verarbeitungsprozess - nicht verwunderlich also, dass andere Anbausorten das Einkorn im Laufe der Geschichte mehr und mehr verdrängten, und es in einigen Gegenden sogar vollends in Vergessenheit geriet.

Auf der Plateau von Sault wurde der Anbau des petit épeautre erst Ende des letzten Jahrhunderts wieder eingeführt. Das Getreide, das in Höhenlagen zwischen 400 m und 1300 m gedeiht, kargen, kalkhaltigen Boden verträgt und zudem mit wenig Wasser auskommt, findet hier gute Wachstumsbedingungen. Es wird Mitte September ausgesägt und erst 11 Monate später geerntet.

Da die Pflanze gegen viele Schädlinge, wie z.B. Wurzelfäule, Spelzenbräune oder Mutterkorn-Pilz, resistent ist und sich besser gegen die Konkurrenz von Unkräutern durchsetzen kann als moderne Hybridweizen-Sorten, kommt man bei ihrem Anbau praktisch ohne Herbizide und Pestide aus. Geradezu ideal also für die immer zahlreichreicher werdenden Bio Bauern.

Ideal auch für das hier verbreitete Wild. Denn auf den chemisch nicht gedüngten Feldern wachsen seltene Gräser, die z.B. gerne von Rebhühnern verzehrt werden.

Heute hat das Korn wieder Einzug in zahlreiche Küchen gefunden. Es eignet sich hervorragend zur Zubereitung von Couscous-Gerichten, Suppen, und Salaten, wird zudem gerne als Beilage genommen oder zu Brot oder Nudeln verarbeitet.
Und auch viele der gehobenen Restaurants haben die vielfältigen Verwendungsmöglichkeiten des an Glutamen armen und an Mineralstoffen und an Aminosäuren reichen Getreides wiederentdeckt.

Die geringe Erntemenge sowie der langwierige und aufwendige Herstellungsprozess machen den petit épautre zu einem recht teuren Produkt. Reich werden die Bauern mit ihm allerdings nicht.

Der Trüffelanbau

Wie vielerorts im Departement, findet auch auf der Hochebene von Sault der Anbau des „Schwarzen Diamanten" statt. Für viele ist der Trüffelanbau noch ein Hobby, für andere ist er längst zu einem Geschäft geworden.

Vorbei sind die Zeiten, in denen man den wertvollen Pilz noch mit Schweinen suchte. Da diese sich beim Ausbuddeln des Pilzes selbst zur Gourmands entwickelten und ihn häufig auffraßen, wurden sie nach und nach durch für die Suche abgerichtete Hunde ersetzt.

Vorbei auch die Zeiten, in denen das Auffinden von Trüffeln noch als Glücksfall bezeichnet wurde. Dank jahrzehntelanger Forschung ist es seit einigen Jahren möglich, Trüffel zu kultivieren. Dabei werden den Wurzeln der Bäume - in der Regel Eichen oder Nussbäume - Sporen eingeimpft, aus denen sich die Kultur bildet, die letztendlich dem Trüffel seinen Nährboden gibt. Eine solche Kultur soll immerhin bis zu 25 Jahren halten.

Ansonsten benötigt der Trüffel für ein gutes Wachstum einen Kalkboden mit einem PH-Gehalt von ungefähr 7, natürlich Mittelmeerklima, ausreichend Regen um den 21. Juni, den 14. Juli und den 15. August sowie idealerweise noch einige Regentropfen im Herbst. Seine Erntezeit beginnt ab ca. Mitte November und dauert bis Mitte März.

Was den Anbau des Pilzes so interessant macht, ist neben dem eigentlichen Gaumenschmaus der zu erzielende Gewinn. Ein Kilo Trüffel kostet auf den Trüffelmärkten in Carpentras oder in Richerenches ab 800€, nach oben gibt es kaum Grenzen. Ein Diamant halt. Kaum verwunderlich, dass dies zunehmend auch von Dieben erkannt wird, die keine Methode auslassen, um an die kostbaren Pilze zu gelangen.

Was machen die Menschen in ihrer Freizeit?

Man sieht sie auf nahezu jedem Dorfplatz: „les boulistes“, die Pétanquespieler. In der Regel sind es etwas ältere Herrschaften, überwiegend Männer, Rentner.

Dem Spiel gehen sie fast tagtäglich von früh morgens bis spät abends nach; unterbrochen nur von den obligatorischen Pausen zu den jeweiligen Mahlzeiten, die man traditionsgemäß zu Hause zu sich nimmt.

Was dieses Spiel für viele so leidenschaftlich macht?

Da ist zunächst einmal das Bedürfnis, sich mit Freunden zu treffen. Aber auch das Bedürfnis, sich seine Rente etwas aufzubessern, denn bei so manchem dieser Wettbewerbe geht es schlichtweg um Geld, auch wenn diese Art von Glückspielen verboten ist, und zunehmend mehr Bürgermeister mit Kontrollen hiergegen vorgehen und „ professionelle“ Spieler mit Verboten belegen.

Das Bild der Boulistes hat schon immer das Bild der Touristen über die Freizeitaktivitäten der Menschen hier geprägt.

Dabei ist dies keineswegs die einzige Freizeitbeschäftigung der Menschen und nicht jeder „Provenzale“ ist ein Anhänger dieser Sportart, in der regelmäßig sogar Weltmeisterschaften ausgerichtet werden.

Natürlich haben auch andere Sportarten einen gewissen Stellenwert. Allerdings bestimmen sie bei weitem weniger das Zusammenleben der Menschen als man es aus anderen Ländern gewohnt ist. Fußball, Tennis, Judo und andere Sportarten ziehen überwiegend Kinder und Jugendliche an.

Gewiss, es gibt hier kein Kino, kein Theater und keine Diskotheken. Aber, es gibt hier die „salle polyvalente“: die Mehrzweckhalle, die zu jedem noch so kleinen Ort dazugehört. Sie ist das „Herzstück“ des Zusammenlebens der Dorfgemeinschaft.

Man muss sich nur einmal die zahlreichen Aushänge anschauen, um einen Eindruck zu erhalten, wie reichhaltig das Veranstaltungsangebot ist. Die Mehrzweckhalle verwandelt sich ganz schnell einmal in ein Restaurant, in eine Sporthalle, ein Kino, Theater, Tanzsaal oder dient zur Ausrichtung von Hochzeiten oder anderen Familienfeiern.

In den Wintermonaten vergeht nahezu kaum ein Wochenende, an dem nicht irgendwo das allseits beliebte ‚Loto‘ gespielt wird. Ein Vergnügen für jedermann. Es gibt zahlreiche Preise zu gewinnen und der Einsatz wird für gute Zwecke gespendet.

Viel Freizeitleben findet im Freundes- und Familienkreis statt. Barbecues stehen dabei nicht nur in den warmen Monaten ganz hoch im Kurs. Ein Barbecue beginnt in der Regel mit dem “apero“, dem Aperitif, zu dem man sich in der Regel nicht vor 19:00 Uhr eintrifft. Dieser kann sich eine ganze Weile hinziehen, und als Gast sollte man nicht überrascht sein, wenn der Hausherr den Grill nicht vor 21 Uhr in Betrieb nimmt. In der Regel wird sich dann das Barbecue über den ganzen Abend hinziehen, und es kann durchaus erst in den frühen Morgenstunden des nachfolgenden Tages enden.

Eine beliebte Freizeitbeschäftigung ist auch der Wochenmarkt. Nicht, dass die Menschen hier ein großes Interesse an dem sich nur wenig ändernden Angebot an Produkten hätten. Nein, der eigentliche Zweck besteht darin, Freunde und Bekannte zu treffen, um mit ihnen die letzten Neuigkeiten auszutauschen. Die Medien sind ja schön und gut: Aber das, was die Menschen aber wirklich interessiert, findet man in ihnen nicht.

Bei einer Spazierfahrt durch die Umgebung sieht man immer wieder Geschäfte, die das Wort „Brico“ oder „Bricolage“ in ihrem Namen führen. Hier gibt es alles- oder fast alles- was das Herz des Hobbywerkers erfreut. Denn „bricoler“, das ist eine der wichtigsten Freizeitbeschäftigungen und an Haus und Garten gibt es ja bekanntermaßen immer irgendetwas zu tun.

Und da wäre dann ja noch die Jagd: 300 eingeschriebene Jäger sollen es sein, die der lokale Jagdverein von Sault zählt. Von Oktober bis Februar gibt es in den Cafés und Bars ein immer wieder kehrendes Thema in den Gesprächen: die Jagd. Wildschweine, Hirsche, Rehe - die Natur gibt hier reichlich was das Herz eines Jägers erfreut, außer Kleinwild wie Hasen, Kaninchen und Fasanen, die nur selten anzutreffen sind und manchmal aus anderen Regionen eingeführt und zum Zwecke der späteren Jagd ausgesetzt werden. Die Leidenschaft mancher für die Jagd soll dabei so groß sein, dass jemand aus reichlicher Schussentfernung auch schon einmal versehentlich ein Pferd aufs Korn genommen haben soll.

Essen und Trinken

Es ist die Region, die die lokale Küche am Besten charakterisiert: ländlich, bodenständig, bäuerlich. Einiges von ihr kann der Tourist auf den Speisekarten der Restaurants oder bei einem Abendessen im Rahmen einer Gasttafel (table d'hôtes) bei einigen Vermietern der Gîtes antreffen.

Die meisten Restaurants bieten ihren Gästen mittags und abends ein oder mehrere Tagesgerichte (plât du jour) oder auch verschiedene Menus zur Auswahl an, die in der Regel mit frischen Produkten hergestellt werden und preiswerter als ein Essen à la carte sind.

Als typische Vorspeisen gelten eine Tapenade (ein Soßengericht bestehend aus schwarzen Oliven, gesalzenen Sardinen, Kapern, Olivenöl, Knoblauch, Pfeffer und Thymian) oder auch eine Anchoïade (Knoblauch, gesalzene Sardinen, Olivenöl, Zitronensaft, Pfeffer). Zu beiden Gerichten wird Brot serviert. Eine andere Vorspeise ist ein Auberginenbrot. Hierbei handelt es um einen in Brotform gebakkenen Gemüsemix, der im wesentlich aus Auberginen, Paprika , Zwiebeln und Knoblauch besteht.

Beim Hauptgericht finden Liebhaber von Fischgerichten ein recht begrenztes Angebot vor. Fleischliebhaber haben es da weitaus besser. Auf nahezu jeder Speisekarte findet man eine große Anzahl von Rindfleischgerichten, angefangen von Steaks in vielerlei Variationen bis hin zu einer Daube Provençal, einer provenzalischen Spezialität. (in Rotwein zubereitetes Rindfleisch mit Gemüse, Kräutern und Gewürzen über viele Stunden aufgekocht. Wie bei einem guten Eintopf, sollte es mindest zweimal vor dem Verzehr aufgekocht werden)

Schweinefleischgerichte find man hingegen eher selten. Wer Lust auf z.B. ein Schweinefilet verspürt, muss mitunter sehr lange suchen, bis er fündig wird - oder auch nicht.

Lammfleisch gilt als eine Spezialität der Region. Wer es gerne etwas deftiger mag, sollte die „pieds-paquets“ ausprobieren. Hierbei handelt sich um mit Fleisch und Gewürzen gefüllte Kaldaunen mit Schafspfoten. Den Gaumenfreuden gegenüber etwas konservativer eingestellte Menschen werden sich gewiss an einem Lammbraten oder an gegrillten Lammkottellets erfreuen. Entgegen einer vielfach verbreiteten Meinung ist Lammfleisch mild und wesentlich angenehmer im Geschmack als andere Fleischsorten.

Je nach Jahreszeit findet man in einigen Restaurants auch Wildgerichte wie Wildschwein-, Reh- oder Hirschbraten.

Zur echten provenzalischen Küche gehören Gewürze: Knoblauch und natürlich die berühmten Kräuter der Provence ((herbes de Provence): Lorbeer, Thymian, Rosmarin, Majoran, Oregano und Salbei. Sie geben den Gerichten einen natürlich würzigen Geschmack und den für die Provence so typischen Duft. Aber auch andere Gewürze dürfen natürlich nicht fehlen.

Natürlich darf auch Olivenöl zur Zubereitung der Gerichte nicht fehlen. Allerdings ist der Umgang mit ihm etwas sparsamer als in anderen Süd-Europäischen Ländern.

Wie in anderen Regionen Frankreichs gehört Käse als nahezu fester Bestandteil zu einem Menu. Hier isst man überwiegend Ziegenkäse, der am besten von einem der vielen kleinen Produzenten in der Region stammt, und der häufig mit ein paar Blättern grünen Salates zu sich genommen wird. Als eine besondere Spezialität gilt der Schafskäse aus Banon, der unter dem gleichen Namen firmiert, und dessen Reifung in Kastanienblättern erfolgt.

Nachtisch heißt hier „dessert", und dies ist auch für viele Menschen hier das eigentliche Hauptgericht. Ile flottante, eine Art Vanillepudding mit einer sauce anglaise, crème brulée, Schokolade- oder Apfelkuchen oder verschiedene Eissorten bilden feste Bestandteile beim Angebot an Nachtischen. Zwar nicht typisch provenzalisch - die provenzalische Küche kennt nur wenige eigene Nachspeisen -, aber wen stört das schon, wenn es nur schmeckt!

Bei den Getränken hält man es recht einfach. Der Pastis, ein Anisschnaps, ist das traditionelle Getränk der Provence zum Aperitif. Er wird in der Regel mit Wasser verdünnt getrunken oder auf Nachfrage auch mit Eiswürfeln versehen serviert. Zum Hauptgericht trinkt man Rotwein und in den wärmeren Monaten auch gerne Rosewein. Der Wein kommt in der Regel aus der unmittelbaren Umgebung (Côtes de Ventoux) und wird vorzugsweise direkt bei den Herstellern oder den Winzergenossenschaften (Villes sur Auzon, Mazan) gekauft.

Die Rotweine sind kraftvoll (Alkoholgehalt: 13,5% - 15%) und geschmeidig und vertragen einige Jahre Lagerzeit. Die fruchtigen Roseweise trinkt man hingegen jung.

Einige andere Spezialitäten:

Pistou - Soße aus Olivenöl, Basilikum, Salz, Knoblauch
Sauce Basilic - Soße aus Olivenöl, frischem Basilikum, Erdnussöl, Käse, Kartoffeln, ...
Fougasse - eine Brotspezialität bei deren Herstellung u.a. Eigelb verwandt wird. In einigen Variationen sind Oliven oder auch Sardellen eingearbeitet.
Soupe au Pistou - Eintopfgericht basierend auf grünen Bohnen, Zucchini, Tomaten, Nudeln, hin und wieder auch Kartoffeln, Knoblauch, Basilikum und geriebenem Käse
Aioli - eigentlich eine Knoblauchsoße; mittlerweile bezeichnet man damit ein Hauptgericht bestehend aus: gedünsteten Kartoffeln, Möhren und grünen Bohnen, dazu ein Fischfilet oder Fleisch.

Die Tierwelt der Hochebene von Sault

Die Hochebene von Sault zeichnet sich durch eine reichhaltige Fauna aus. In der Morgen- und Abenddämmerung müssen Autofahrer auf nahezu jeder Strasse mit plötzlich auftretendem Wild rechnen: Rehe, Hirsche, Wildschweine, Dachse oder Füchse. Mit etwas Glück sieht man gelegentlich auch Mufflons, die hier vor Jahrzehnten aus ihrer ursprünglichen Heimat Korsika eingeführt wurden oder - insbesondere am Mont Ventoux - Gämsen.

Vogelliebhaber können sich an einer großen Vielzahl Vogelarten erfreuen. Rotkehlchen, Schnepfen und Kreuzschnäbel zum Beispiel gibt es reichlich. Unter den Greifvögeln fallen die vielen Bussarde als erstes auf. Mit etwas Glück erspäht man auch einmal einen Adler.

Braune Mauerechsen (lézards) aalen sich gerne in der Sonne. Sie gehören zur Provence wie die Zikaden und Grillen, die an heißen Sommertagen mit ihren Zirpgesängen für Unterhaltung sorgen.

Schlangen sind gewiss nicht jedermanns Freund, aber gelegentlich (selten) begegnet man auch ihnen. Ab ca. Mitte Mai bis Mitte/Ende Oktober verlassen sie ihre Höhlen oder sonstigen Unterkünfte und halten sich dann gerne in der Nähe von Buchsbäumen, Hecken, Steinhügeln oder auch in Lavendelfeldern auf. Bei extremer Hitze suchen sie nach Abkühlung im Schatten oder in feuchter Umgebung.

Besonders beeindruckend sind die Couloeuvres, die bis zu 2 Meter lang werden. Sie sind ungiftig und nicht aggressiv. Wenn sie sich angegriffen fühlen, verteidigen sie sich jedoch. Ihr Biss soll äußerst schmerzhaft sein, und ihr plötzliches, unerwartetes „Wegzischen“ löst schnell auch einmal ein rasendes Herzklopfen aus.

Vipern dagegen sind giftige Schlangen. In der Regel sind sie zwischen 40cm (Orsiniviper) bis 80cm (Aspisviper) lang. Auch sie sind von Natur aus nicht aggressiv und verteidigen sich nur bei einem vermuteten Angriff. Ein Biss der Aspisviper kann lebensgefährlich sein. Am Besten macht man es wie die Menschen hier: Man nehme einen Wanderstab auf seinen Spaziergängen mit. Die durch ihn ausgelösten Vibrationen werden von den Schlangen wahrgenommen, so dass sie in aller Regel verschwinden, bevor man sie überhaupt wahrnimmt.

Beeindruckend aufgrund ihrer Größe und Farbe sind auch die grünen Echsen (lézard vert), die bis zur 40 cm lang werden und deren Haut bei Sonneneinstrahlung leicht schimmert. Die Tiere sind scheu, und es gehört schon etwas Glück dazu, sie einmal zu Gesicht zu bekommen. Versuchen Sie nicht, die Tiere in die Enge zu treiben. Das mögen sie überhaupt nicht. Sie beißen dann schon einmal kräftig zu, wobei ihr Biss schmerzhaft, aber ungefährlich ist.
Auch Insektenfreunde werden hier ihre wahre Freude haben. Neben den bereits erwähnten Grillen und Zikaden gibt es jede Menge von Heuschreckenarten (darunter auch Gottesanbeterrinnen), verschiedene Wespenarten, Käfer, Schmetterlinge u.v.a.m. Wir haben einmal einen Nachtfalter mit einer Flügelspannweite von mehr als 20cm gefunden.

Es gibt hier auch kleine Skorpione. Ihr Stich ist schmerzhaft und kann zu hohen Fieber und allerlei anderen unerfreulichen Reaktionen des Körpers führen.

Aktiv werden die Skorpione bei leichter Feuchtigkeit. Dann krabbeln sie an Häuserwänden entlang und gelangen auch schon einmal ins Innere. Es gibt verschiedene Sprays gegen kriechende und fliegende Insekten, die man in nahezu jedem Supermarkt beziehen kann. Im Falle von Skorpionen behelfen sich die meisten Einheimischen allerdings wie mit den Mücken: sie erschlagen sie. Sollte man des Nachts seine Schuhe draußen gelassen haben, so empfiehlt es sich, sie vor dem Anziehen auszuklopfen.

Künstler auf der Hochebene von Sault

Daniel Mathieu

Er ist ein Kind des Landes. Zwar hat er seinen Wohnsitz hier längst aufgegeben, aber vom Frühjahr bis zum Herbst zieht es ihn dennoch regelmäßig in seinen Geburtsort Sault. Dann bezieht der „Homme de Coeur" (Mann mit Herz), wie er von seinen Freunden liebevoll genannt wird, ein kleines Atelier, das Passanten zum Bestaunen seiner Werke einlädt.

Häufig trifft man den Künstler bei seiner Arbeit an. Dann verführt der Maler seine Besucher geradezu zum Verweilen. Natürlich sind es zunächst einmal seine Gemälde, die schönen Farben und Motive.

Aber der Künstler unterhält sich auch gerne mit seinen Gästen, ohne dass er versucht, sie in ein Verkaufsgespräch zu verwickeln. Nein, es sind die kleinen Dinge des alltäglichen Lebens, die ihn interessieren.

Seine Bilder - Momentaufnahmen von Land und Leuten - haben eine Tendenz zum Abstrakten, ohne jedoch ins Unkenntliche zu gehen.

Der Künstler, der ursprünglich einmal Maurer war, hat es zu internationalem Ruf gebracht und ist in den Kunstverzeichnen Druout und Akoun eingetragen. Seine Werke schmücken zahlreiche Privatsammlungen in aller Welt und wurden auf zahlreichen Ausstellungen in Nord- und Südamerika, Asien und vielen europäischen Ländern (darunter Deutschland) einem breiten Publikum vorgestellt.

Engelbert Laichauer

Bronze, Kupfer, Eisen, Chrom und Gold, das sind die Zutaten aus denen Engelbert Laichauer seine einzigartigen Metallskulpturen erstellt.

Seit 2003 lebt der gebürtige Nürnberger mit seiner Partnerin und dem gemeinsamen Sohn in der Nähe von Monieux. Ehedem Besitzer eines Gartenbaubetriebes, war es die Liebe, die ihn nach Frankreich verschlug. Nach einem Aufenthalt in der hektischen und oft grauen Grosstadt Paris, entschied sich die Familie der Ruhe und Sonne wegen aufs Land in den Süden Frankreichs zu ziehen.

Engelbert Laichauser‘s Werke schmücken zahlreiche private und öffentliche Haushalte. Einige seiner größeren Skulpturen schmükken die Foyers von namhaften Hotels in Deutschland. Seine Werke werden von mehreren Künstleragenturen in Deutschland ausgestellt.

Seine Leidenschaft für den Gartenbau hat er allerdings nicht verloren. Hin und wieder lässt er sich z.B. zum Bau einer Brunnenanlage verführen. Zwei dieser Brunnen lassen sich vor der Dorfkirche und in der Dorfstrasse von Monieux bewundern.

An dem Leben in der Provence schätzt er neben dem guten Wetter und den herrlichen Landschaften vor allen Dinge die Ruhe, die ihn zu seinen Werken inspiriert. Die Begegnung mit Land und Leuten ist für ihn eine weitere Quelle der Inspiration. Diese Kontakte sucht unter anderem auf einigen Wochenmärkten, auf denen er regelmäßig seine Werke vorstellt und zum Kauf anbietet.

Daniel Mathieu

Engelbert Leichauer

Caroline Finardi

Franck Salzwedel

Franck Salzwedel

Geboren in Frankreich als Kind deutscher Eltern, hat der Künstler den Grossteil seiner Kindheit in Südostasien verbracht. Nach Abschluss eines Studiums der Wirtschaftswissenschaften und einer Ausbildung in der Modekreation, hat er zunächst 15 Jahre in einem internationalen Konzern als Entwickler von Luxusparfums gearbeitet, bevor er sich dann vollends seiner Berufung als Maler zuwand.

Der Künstler sagt von sich, eine Leidenschaft für Farben zu haben. Und so kennen seine Werke auch nur ein durchgängiges Motiv: Farbe.

Als Parfumeur hat er den Umgang mit feinsten Essenzen gelernt, die je nach Zusammenstellung und Mischung einen neuen Duft ergeben, der eine Vielzahl von Emotionen transportiert.

Diese Fähigkeit übersetzt er heute in seine Gemälde. Dabei gelingt es ihm durch feinste Nuancierungen auch nur eines einzigen Grundtones, vielfältige Phantasien und Empfindungen, die ihren Intensitäten überraschen, beim Betrachter freizusetzen.

Franck Salzwedel lebt in Aurel.

Caroline Finardi

Alcatel, L'Oreal, Marie-Claire, Le Monde ... ja, es sind klangvolle Namen von Unternehmen, die bei ihren Werbemaßnahmen auf Illustrationen von Caroline Finardi zurückgegriffen haben.

Seit 2001 lebt die aus Paris stammende, diplomierte Grafikerin mit ihrem Partner und der gemeinsamen Tochter in Monieux. Hier wohnen sie in einem Haus, das aus dem 17. Jahrhundert stammt, und das gleichzeitig auch ihr Atelier und ihre Galerie „L'oeil deCaro" beherbergt.

Bertritt man die Galerie, so könnte man sich in eine kleine Märchenwelt versetzt fühlen. Von überhall her lachen einen fröhliche Farben an. Man findet humorvolle, szenische Darstellungen neben Werbeillustrationen und Landschaftsgemälden. Letztere haben natürlich auch den Lavendel und die durch ihn geprägte Landschaft als Thema.

Aber die Künstlerin hat auch eine besondere Liebe zum Mittelmeer. Und so ist es nicht verwunderlich, eine Anzahl von Gemälden bei ihr anzufinden, die die bezaubernden Landschaften der Küstenregion zwischen Vence und Colliure darstellen.

Ihre Arbeitstechnik ist eher ungewöhnlich. Sie zeichnet zunächst ihre Motive mit China-Tusche auf die Vorderseite einer Spezialfolie. In einem zweiten Schritt werden diese dann auf der Rückseite der Folie mit Acrylfarben ausgemalt und so zum Leben erweckt.

Eine Technik, die man übrigens auch in Praktika oder in Kursen bei ihr erlernen kann.

Anekdotisches zur Mentalität

Sonne gibt es nicht umsonst!!!!

Vor einigen Jahren haben wir uns entschlossen, in den Süden Frankreichs zu ziehen.

Wir wussten nur wenig über das Departement Vaucluse, als wir uns zum Umzug in den Süden Frankreichs entschlossen hatten. Ein paar Tage Urlaub im Jahr 2002 in Avignon und Umgebung waren unseren einzigen Erfahrungen.

Wir hatten uns gesagt: „Das ist die Provence, die Landschaften Vincent van Goghs, unendlich blauer Himmel und an nahezu allen Tagen Sonnenschein.“ So kamen wir also auf die Idee, uns hier niederzulassen.

Das Erste was zu tun war: Wir mussten eine Unterkunft suchen. Aber wie sollten wir vorgehen ?

Ganz einfach: es gibt eine unendliche Vielzahl von Maklern hier. „Also“, dachten wir uns, „das wird doch ganz einfach werden!“

Wir begannen sogleich mit dem Aufsuchen von Immobilienhändlern.

Die meisten von ihnen hängen Annoncen mit Fotos der Häuser und deren detaillierter Beschreibung in ihren Schaufenstern aus. Meistens handelt es sich dabei um sehr schöne Anwesen.

Anwesen, die - wie wir zu einem späteren Zeitpunkt feststellten - häufig von mehreren Maklern allerdings zu zum Teil recht unterschiedlichen aber immer hohen Preisen angeboten werden.

Aber wer kann sich schon den Kauf eines noch so schönen Hauses zu solch unglaublichen Preisen erlauben! Die Botschaft war klar:

Das sind nicht die Agenturen, die für uns in Frage kommen! (oder in der Sprache des Marketing: ihr seid hier nicht erwünscht !). Es lohnt sich gar nicht einmal, diese Agenturen zu betreten.

Aber auch die Fensterschau bei allen anderen Agenturen, die wir anfanden, führte uns immer nur das Gleiche vor Augen. Es ist sehr, sehr teuer.

Wir haben dann allen Mut zusammengenommen und den Eintritt in eine Agentur gewagt:

„Bonjour Monsieur, bonjour Madame, wir sind auf der Suche nach einem kleinen Haus ... Unser Budget beträgt ... € ...“

Die Antwort des Maklers ließ nicht lange auf sich warten: „In dieser Preislage habe ich nichts“. Er schaute nicht einmal in seinen Computer oder in seinen Akten nach. Es gibt nach wir vor Agenturen, die ohne Computer auskommen, auch wenn es ihnen das Leben nicht immer erleichtert.

Der Makler erklärte dann weiter: „Ehrlich gesagt, für Ihr Budget werden Sie auch niemals Etwas finden, was Ihren Vorstellungen entspricht.“

Wir wussten im Vorhinein, das wir uns in einer teuren Region bewegen, aber wofür hält man uns eigentlich ...?

„Wir unternehmen alles, um die Verkäufer zum Senken ihrer Preisvorstellungen zu bewegen“, führte der Makler dann weiter aus. „Aber Sie müssen wissen, das wir hier nahezu täglich Sonnenschein haben, und das hat nun mal seinen Preis.“

Interessant, aber warum bezahlt man im Vaucluse für die Sonne, wenn Sie woanders kostenlos für jedermann ist?

Über den Mistral und andere Nachteile hat er übrigens kein Wort fallen lassen!!!

Andere Agenturen erwiderten nicht einmal unsere Begrüßung („bonjour“) oder hielten es nicht für notwendig, sich um uns zu bemühen, weil wir Französisch sprachen und in Jeans erschienen. Muss man tatsächlich im Anzug erscheinen und so tun als ob man ein vermeintlich wohlhabender Ausländer sei, um hier begrüßt zu werden?

Nun, Gott sei Dank, diese Begegnung war eher eine Ausnahme. Wir hatten eine unvergessliche Erfahrung gemacht, die uns jedoch nicht zum Umdenken führte. Und siehe da: Nur wenige Wochen später hatten wir dann unser Häuschen gefunden. Nicht ganz, aber fast so, wie wir uns es vorgestellt hatten.

„A demain“ („Bis morgen“)

Einmal niedergelassen, hatten wir uns entschlossen, die ein oder andere kleine bauliche Veränderung vorzunehmen. Wir brauchten einen Elektriker, einen Schlosser und einen Maurer.

Mittels der Gelben Seiten hatten wir es dann irgendwann auch geschafft, einige Handwerker in der näheren Umgebung ausfindig zu machen.

Wir haben uns nett am Telefon mit ihnen unterhalten und ihnen unser Anliegen erklärt. Schon für den darauffolgenden Tag waren die ersten Termine miteinander vereinbart.

„Das geht aber schnell“ haben wir uns gedacht.

Am darauffolgenden Morgen sind wir angesichts der vereinbarten Termine also daheim geblieben.

Der erste Termin war für 11 Uhr morgens vereinbart. Meine Frau hatte folglich schon einmal den Kaffe vorbereitet.

Punkt 11 Uhr: niemand erscheint

11:15 Uhr: niemand

11:30 Uhr: niemand

12:00 Uhr: noch immer niemand

Kein Anruf! Nichts!

Der zweite Termin war für 14:00 Uhr am gleichen Tag fixiert. Und schon machten wir die selbe Erfahrung noch einmal. Niemand kommt, kein Anruf um sich für eine Verspätung zu entschuldigen, einfach nichts passierte.

Was also tun? „Nun, nehmen wir die Angelegenheit in unsere Hände. Kommt Moses nicht zum Berg, dann kommt der Berg eben zu Moses. Rufen wir die Handwerker doch selber an, um zu wissen, was los ist!“

Gesagt, getan! Keine Antwort, einzig der Anrufbeantworter ließ uns wissen: „Bitte hinterlassen Sie eine Nachricht nach dem Piepton. Wir rufen Sie zurück.“

2 Jahre später warteten wir noch immer auf einige Rückrufe oder Kostenvoranschläge.

Wir haben über diese Erfahrungen mit einigen unserer Nachbarn und Freunden gesprochen.

„Mach Dir darüber keine Sorgen. Das ist ganz normal hier. Du musst die Handwerker verstehen. Sie haben so viele Aufträge zu erledigen. Stell Dir vor, die meisten sind schon für die kommenden 2 Jahre ausgebucht. Es gibt einfach nicht genügend Handwerker."

Wenige Wochen später klingelte es spät nachmittags an der Haustür. Wir dachten uns: Das wird Eric, unser Nachbar sein, der auf einen Aperitif vorbei kommen wollte.

Stattdessen steht ein uns nicht bekannter Herr vor uns:

„Bonjour, ich heiße ... Wir haben vor einiger Zeit miteinander telefoniert. Wenn ich mich richtig erinnere, hatten Sie folgende Arbeiten vorgesehen ... Ich bin mit meinen Arbeiten bei ... fertig und meine nächste Baustelle bei ... beginnt erst dann und dann ... Ich hätte jetzt die Zeit, mich um Ihre Angelegenheit zu kümmern."

„Wir sind hier doch nicht in Amerika"

Eine der ersten Redewendungen, die uns hier begegnete war der Ausspruch:
„Wir sind hier doch nicht in Amerika." Damit reagierte man auf mehrere Erfahrungen, die wir im Zusammenhang mit dem Kauf einer Einbauküche gemacht haben.

Wir hatten Kontakt zu einer Vielzahl von Küchenverkäufern aufgenommen. Alle hatten einen kleinen Laden mit Ausstellungsraum und natürlich eine Menge Kataloge. Bis auf einen, der zwecks Vorführung seiner Küchenmodelle seine Kunden einfach in die Ausstellungsräume seiner Mitbewerber mitnahm.

Die meisten Gespräche verliefen nach dem selben Muster. Wir erklärten dem Verkäufer kurz unser Projekt in dessen Laden, schauten uns das ein oder andere Objekt vor Ort an und vereinbarten dann zwecks detaillierter Besprechung einen Termin bei uns zu Hause.

Und dann war zunächst einmal wieder die Frage: Kommt er oder kommt er nicht? Nun, in 80% aller Fälle kamen sie. Die, die nicht kamen, fanden es übrigens nicht nötig, abzusagen.

Die, die kamen, zeigten sich zunächst einmal hoch erfreut über die herrliche Landschaft. Wir sprachen zunächst über Gott und die Welt und kamen dann ungefähr eine halbe Stunde später zum eigentlichen Gegenstand des Besuchs: die Einbauküche.

Meine Güte, was gab es da alles für Möglichkeiten und Modelle. Wasserhähne in Hunderten von Modellen und Türgriffe in wohl noch mehr. Das Gespräch zog sich über Stunden dahin. Merkte der Vertreter denn gar nicht, dass er uns mit all seinem Gerede nur ermüdete? Oder war das gar Teil seine Gesprächsstrategie oder einfach nur Bestandteil der Kultur der Provenzalen ?

Nun, nach mehreren Stunden Gespräch, Katalogschau und Ausmessen der Küche kamen wir dann endlich zum Schluss des Termins. Der Verkäufer zückte seinen Taschenrechner und zauberte uns auf einem Stück Papier einen Kostenvorschlag zurecht.

Es kam dabei eine Summe heraus, die bei ihm helles Entzücken hervorrief, bei uns aber unmittelbare Ablehnung.

„Aber wirklich, für die Qualität des Produktes ist das nun wirklich nicht zu teuer. Meine Konkurrenten würden hierfür mindestens 20% mehr veranschlagen."
Wir blieben hart und wollten das Gespräch beenden. „Dann machen Sie mir doch einen Gegenvorschlag. Was wäre die Küche Ihnen denn wert?" Meine Frau zögerte mit der Antwort. Ich nannte daraufhin eine Zahl, die mehr als die Hälfte unter seinem Voranschlag lag, in der Hoffnung, er würde uns in Ruhe lassen und endlich gehen.

Aber, was dann geschah, war Etwas mit dem ich überhaupt nicht gerechnet hatte.

„Also, für den Preis kann ich es nun wirklich nicht machen“, sprach er, zückte erneut seinen Taschenrechner, machte erneut seine Kalkulationen und strahlte uns anschließend freudig an:

„Für 500€ mehr geht‘s.“

Die Leute haben es nicht niemals eilig, außer ...

Eines der Dinge, die wir hier lieben, ist die Ruhe und die Tatsache, dass die Leute einen so ausgeruhten Eindruck machen. Kein Stress, keine Großstadthektik. Einfach großartig!

Die Menschen lieben es, miteinander zu reden und sich zu amüsieren - kurz und gut: Sie genießen das Leben. Das ist in etwa wie das ‚Dolce fa niente‘ in Italien.

Ein Paradies! Selbst für Autofahrer. Große Verkehrsaufkommen gibt es hier nicht. Man kann in aller Ruhe fahren und das ohne größeres Risiko eines Unfalls. Allerdings mit Ausnahmen! Denn mittags und gegen 17 Uhr verändern die Menschen ihr Fahrverhalten radikal.

Mittagszeit: Zeit fürs Mittagessen. Die großen Parkplätze in den Städten sind wie leergefegt. Ab 11:30 Uhr bilden sich die ersten Staus in den Städten.

An der Stadtausfahrt geht es dann los: auf den National- und Departementmalstraßen entwickeln sich regelrechte Wettrennen. Jeder will als erster zu Hause ankommen: Das Essen wartet und darf nicht kalt werden. Und ja, die Sieste, der Mittagsschlaf, will ja auch noch gehalten werden.

Was ist schon ein Formel 1-Rennfahrer gegen einen echten Rennfahrer aus dem Vaucluse? Der klebt an der Stossstange des Vordermannes, der bremst im letzten Augenblick und überholt - weiß Gott wie - auch dort, wo eigentlich kein Platz zum Überholen ist.

Da wird auch aus der ältesten Blechkarosse ein Formel 1-Rennwagen. Das ist die reinste Jagd, bei der Jäger und Gejagter hin und wieder auch schon einmal ein unfreundliches Wort übereinander fallen lassen. Ach ja!

Das Gleiche geschieht dann noch einmal um gegen 17 Uhr, wenn viele Leute von der Arbeit heimkehren

Fazit:
Alles in alle sind es sehr liebenswürdige Menschen, die sich im Notfall gegenseitig helfen und unterstützen. Sie passen ihr Leben den Verhältnissen, dem Verlauf des Tages und den Witterungsverhältnissen an. Kluge Menschen halt.

Extra Touren

Luberon

Die Dörfer der Hochebene sind ein idealer Ausgangspunkt für einen Tagesausflug in den nahegelegenen Luberon mit seinen charmanten Dörfern, von denen sich immerhin 5 mit dem Titel „plus beaux villages de France“ (eines der schönsten Dörfer Frankreichs) schmücken dürfen.

Das Dorf *Roussillon* überrascht dabei den Besucher mit seinen ockerfarbenen Felsen, die Zeugnis ablegen vom Ockerabbau, der hier noch bis 1975 betrieben wurde. Auf dessen Spuren kann man im „Val de Fées“, einer Art Freileichtmuseum wandeln.

Gordes

Unweit von Roussillon entfernt liegt das Dorf *Gordes* idyllisch auf einem Felsvorsprung. Es ist aufgrund dieser herrlichen Lage und seines schönen Schlosses ein gern besuchter Ort und ein vielfotografiertes Motiv.

Borie
Ganz in der Nähe des Ortes liegt das „*Village des Bories*“, ein Museumsdorf mit einer Vielzahl von kuppelförmigen Natursteinrundbauten, die zum Teil vor ca. 500 Jahren ohne Mörtel gebaut wurden.

Sénanque
Nicht zu vergessen: die „*Abbaye de Sénanque*“, ein weltberühmtes Zisterzensienkloster mit einem prächtigen Lavendelgarten, das noch heute von Mönchen bewohnt wird und zur Besichtigung einlädt.

Bonnieux, Lacoste, Lourmarin, und die vielen anderen kleinen Dörfer des Luberon lohnen allemal einen Abstecher. *Apt, Pertuis* und *Cavaillon* sind Kleinstädte ,die mit ihren vielen kleinen Geschäften zum Bummeln und zum Geldausgeben einladen.

Der Luberon selber ist ein Gebirgszug mit Gipfeln von bis zu mehr als 1100 m Höhe. Man teilt ihn in den „Grand Luberon“ und den „Petit Luberon“ auf. Aufgrund seiner besonders reizvollen Landschaft wundert es nicht, dass sich hier viele nationale und internationale Prominenz, darunter auch der ein oder andere Hollywood-Darsteller, niedergelassen hat.

Carpentras
Die Kleinstadt liegt in ca. 42km Entfernung von Sault. Je nach Fahrweise sollte man zwischen 30 und 40 Minuten Fahrzeit einkalkulieren. Jeden Freitag Vormittag findet hier einer der

größten und belebtesten Wochenmärkte der Provence statt. Man sollte ihn früh morgens aufsuchen, um den manchmal erdrückenden Menschenmassen und einer längeren Parkplatzsuche zu entgehen.

Die Einkaufspassage Boyer
Aber auch an anderen Wochentagen lohnt sich ein Besuch durchaus. Beeindruckend ist das „Hotel de Dieu“, ein ehemaliges Krankenhaus, das heute neben dem Office de Tourisme eine im Original erhaltende Apotheke beherbergt.

Sehenswert sind auch die Kirche St Siffren, eine der wenigen in der Umgebung, die im gotischen Stil gebaut ist, sowie die Synagoge (place de l'Hôtel de Ville) ,deren älteste Teile aus dem Jahre 1367 stammen und sie damit zu einer der ältesten Synagogen Frankreichs macht.

Avignon

Palais de Papes
Gut eine Autostunde sind es von Sault bis in die Hauptstadt des Departement Vaucluse, die vor langer Zeit einmal Papstsitz war (von 1309-1376). Den Papstpalast (Palais de Papes) und die Kathedrale Notre Dame de Doms kann man schon aus weiter Entfernung wahrnehmen.

Ein Besuch beider lohnt, auch wenn man im Palast den Glanz früherer Zeiten nur noch erahnen kann. Wohl auch, weil der Palast nach Abzug der Päpste über lange Jahre hinweg als Kaserne benutzt wurde.

Daneben locken zahlreiche Museen und natürlich die Brücke St Bénézet (le pont d' Avignon) die Kulturinteressierten. Jede Menge Geschäfte, Restaurants und Bars gehören ebenso zum Stadtbild wie die Vielzahl von Studenten.

Beginn Juli findet in Avignon das größte Theaterfestival Frankreichs statt. Sämtliche Straßen der Innenstadt verwandeln sich dann in Bühnen für jede Art von Kleinkunst. Die Theater werden zu Ausstellungsforen für neue Theaterstücke und Theatergruppen, die auf das Wohlwollen und das Interesse des Publikums und insbesondere der von nah und fern angereisten Theaterintendanten hoffen.

Vaison la Romaine, Orange, Arles, Nimes oder auch der *Pont du Gard* und *St Remy de Provence* sind Ausflugsziele, bei der die Liebhaber römischer Antike nicht zu kurz kommen werden.

Vaison la Romaine

Alle Ausflugziele liegen im Umkreis von 1 bis 2 Stunden Autofahrt und verfügen über ausgezeichnet erhaltene römische Bauten wie Amphitheater, Arenen, Torbögen etc. Im antiken Theater von Orange finden jährlich Opernaufführungen statt, die Liebhaber aus aller Welt anziehen. Die Nachfrage ist so groß, das man Karten am besten schon im Vorjahr reserviert. Konzertveranstaltungen finden ebenso in den Theatern von Vaison la Romaine statt - auch hier ist eine langfristige Vorbuchung der Karten empfohlen.

Die *Baux de Provence*, eine ehemalige Festung, die sich noch heute im Besitz der monegassischen Fürstenfamilie Grimaldi befindet, liegt im wunderschönen Naturpark „*Les Alpilles*“. Sie ist mit dem Auto ebenfalls in weniger als 2 Stunden erreichbar. Als ein Highlight der Provence in aller Welt bekannt, zieht das kleine Dorf wahre Besucherströme an.

Les Baux de Provence
In der Umgebung von Les Baux findet man mehrere Höhlen, die in früherer Zeit als Steinbrüche dienten und heute unter anderem als Weinkeller oder als Vorführhallen für Diaprojektionen (*La Cathédrale d'Images*) genutzt werden.

Für Liebhaber von Antiquitäten sei ein Abstecher nach *L'Isle sur la Sorgue* empfohlen (Fahrzeit ca. 1 Stunde). Mehr als 200 Antiquitätenhändler haben sich hier niedergelassen. An zwei Wochenenden im Jahr (Ostern und um den 15.August) finden hier große Antiquitätenmärkte statt, die internationalen Ruf genießen. Aber auch sonst lädt das Städtchen mit seinen Wasserrädern, Bars und Restaurants entlang dem Flüsschen Sorgue zu einem Ausflug ein.

Fontaine de Vaucluse
Von L'Isle sur la Sorgue sind es nur wenige Kilometer bis zu einer weiteren Attraktion der Provence, der *Fontaine de Vaucluse*, der vielbesuchten Quelle des Flusses Sorgue im gleichnamigen Ort.

Einen Ausflug nach *Simiane la Rotonde*, einem der schönsten Dörfer in der näheren Umgebung von Sault sollte man sich nicht entgehen lassen.

Eine Wanderung durch das wunderschön an einem Felsen gelegene Dorf kann jedoch mühsam sein, denn die kleinen Gassen sind zum Teil sehr steil, und bei großer Hitze kommt man schnell einmal außer Atem.

Bei Regenwetter besteht Rutschgefahr, da die abschüssigen Gassen gepflastert sind. Als „Rotonde“ bezeichnet man übrigens den Turm, der von einem Schloss (12. Jahrhundert) erhalten ist, das durch Grafen von Sault, Louis d‘ Agoult erbaut wurde. Mitte Juli bis Mitte August findet in dem Ort ein international renommiertes Musikfest klassischer Musik statt.

Ein Ausflug nach *Buis-les Baronnies*, einem Zentrum des Aprikosenanbaus, führt entlang der Nordseite des Mont Ventoux vorbei an die pittoresken Dörfer *Reilhanette*, *Savoillans* und das hochgelegene *Brantes*.

Brantes

Die Orte sind klein, aber man sollte nicht einfach an ihnen vorbeifahren, denn ihre ursprüngliche Schönheit ist sehenswert.

Montbrun Les Bains

Der Rückweg von Buis-les-Baronnies in Richtung *Montbrun les Bains*, einer Thermalstation, führt vorbei am *Château d' Aulan* durch das wildromantische *Vallée de Toulourenc*

Colorado Provençal

Der *Colorado Provençal* bei *Rustrel* diente ehemals als Ockerbruch. Heute ist er ein wunderschöner Naturpark, in dem man eine Vielzahl von Ockerformationen, die sich unter dem Einfluss von Erosion durch Wind und Regen gebildet haben, bewundern kann.

Großveranstaltungen

Das Pays de Sault kennt eine Reihe von Veranstaltungen, die zum Teil einen internationalen Ruf genießen und jährlich mehrere Tausend Besucher anziehen. Sie geben einen Einblick in die Traditionen der Umgebung und stellen für die Einwohner willkommene Abwechslungen dar.

Touristen sollten wissen, dass die Zahl derVerpflegungsstände ausgesprochen gering ist. Stattdessen werden an großen Tafeln gemeinschaftliche Mittagessen (Reservierung dringend angeraten) organisiert.

Lavendelfest in Sault

Lavendelfeste gibt es mehrere im Departement Vaucluse, aber keines ist groß und so gut besucht (bis zu 20.000 Besucher) wie das in Sault, das alljährlich am 15. August auf dem Gelände des Hippodroms stattfindet. Das Fest gedenkt der Geschichte des Lavendels und seiner Erntemethoden.

Ein Lavendelwettschneiden und viele folkloristische Vorführungen, u.a. ein Trachten Corso, geben Eindruck von dem ländlichen Leben vergangner Zeiten und sind feste Bestandteile des Programms.

Trabrennen

Eine Besonderheit ist die in Sault gelegene Trabrennbahn. Sie ist laut Betreiber die höchstgelegene in Europa und umschließt ein Lavendelfeld. Einmal jährlich, in der Regel am 2. Wochenende im August, treffen sich hier Pferdesportler aus ganz Frankreich zum Wettbewerb. Dabei hat die Piste unter den Rennfahrern einen gewissen Ruf: Sie ist extrem steinig und holprig, so dass es hin und wieder zu kleineren Vorfällen wie Achs- oder Radbrüchen der Sulkies kommt - zum Leidwesen der Sportler und zur Belustigung der Zuschauer.

Beliebt ist die seit mehr als 100 Jahren durchgeführte Veranstaltung bei den Besuchern, die häufig aus weit entfernten Regionen zu diesem Spektakel kommen, aber nicht nur deswegen.

Schlittenhunderennen

Die für die Provence ungewöhnliche Sportart, findet hier eine zunehmende Anhängerschaft. Seit 1992 finden jeweils am 2. Novemberwochenende Hundeschlittenrennen auf der Anlage um die Trabrennanlage statt.

Da in der Regel kein Schnee liegt, benutzt man Radgespanne anstelle von Schlitten. Im Jahre 2004 fanden in Sault die 1. Europameisterschaften in dieser Sportart statt, an der mehr als 150 Gespanne aus ganz aus Europa und mehr als 1000 Schlittenhunde teilnahmen.

Schafmarkt in St Christol

Preisverleihung

Jeweils am 1. Sonntag im August steht in St Christol d'Albion ein gut besuchter, traditioneller Lämmermarkt auf dem Programm. Bereits 1958 stellten Schafzüchter aus der ganzen Umgebung ihre Tiere aus, um ihren Beruf der Bevölkerung näher zu bringen.

Eine Tradition, die heute noch fortgeführt wird. Allerdings mit etwas weniger Tieren. Im Rahmen der Veranstaltung findet neben einem Markt mit lokalen Produkten auch ein Wettbewerb der Schafzüchter statt. Vorführungen mit Schäferhunden stehen ebenso auf dem Programm wie die traditionelle Schur von Schafen.

Fête de petit épeautre in Monieux

Einen Tag wie im Mittelalter kann man jeweils am ersten Wochenende bei diesem Fest verbringen, das seit 1994 mit der Rückkehr des Anbaus der Getreidesorte „petit épeautre" auf der Hochebene stattfindet. Unter der Mitwirkung zahlreicher Einwohner des Ortes und Vereinen aus der Umgebung säumen dann Gaukler, Ritter, Bogenschützen, Zahnbrecher ...

die engen Strassen. Auf dem Markt kann man einheimische Spezialitäten, darunter viele aus dem kleinen Getreide hergestellte, kennen lernen und erwerben.

Am späten Nachmittag finden als abschließender Höhepunkt mittelalterliche Reiterspiele statt, bei denen Akrobatik und Spannung nicht zu kurz kommen.

Fête de Champignons in St Trinit

Pilze werden auch auf dem Plateau de Sault von vielen als Gaumenschmaus angesehen, aber die meisten begegnen ihnen mit Zurückhaltung. Essbar oder nicht, welche Arten gibt es, unter welchen Bedingungen wachsen sie am besten, worauf ist bei ihrer Ernte zu achten Fragen, auf die der Besucher im Rahmen dieses Festes eine Antwort bekommt. Unter fachmännischer Führung kann er an diesem Tage an thematischen Wanderungen teilnehmen oder sein Wissen in thematischen Ausstellungen vertiefen.

Ein Markt und zahlreiche Vorführungen machen das Fest zu einem Anziehungspunkt für mehrere Tausend Besucher und das in einem Ort, der gerade einmal um die 100 Einwohner zählt. Veranstaltungsdatum: am 1. oder 2. Sonntag im Oktober